地球を救う棲み分け的弁証法

——葛藤乗り越え甦る今西理論とヘーゲル哲学のコラボ——

はしがき

二十一世紀は情報化時代と叫ばれてきたが、その進展は予想を遥かに凌駕し、ＩＴ（情報技術）からＡＩ（人工知能）の時代へと突入してきた。自動車が無人で運転可能なんて、筆者には現時点で未だに信じられない。

以前、外国人が「日本人は電車の中でも読書に勤しんでいる」と感心していたが、今やスマホをやっている人がほとんどである。半導体の発達により、手の平サイズの中に外部からの音声ニュースが動画で刻々と流れてくる。イランにて一九七九年に起こったホメイニ革命はソニーのウォークマン器材によるところが大きかったといわれたが、二〇一〇年から相次いで起こった「アラブの春」と言われるチュニジア・エジプト・リビアでの革命は、携帯電話・スマホによって瞬く間に国民へ広がっていった。イラク・シリア・アフガニスタンで燻っている一部地域での内乱でもスマホが戦術に駆使されている。

半世紀前に「時間よ止まれ」との曲が流行った。最近、ふとそのことを思い出す。数年前まで時代の最先端を走っていた、ガラケー電話がスマートフォンに駆逐されつつある。

東京大学名誉教授で高エネルギー加速器研究機構研究員を勤めた小谷章雄博士は「人類のエゴイズムは地球環境の破壊と核兵器による地球上生物の絶滅の危機を予想させるところまで肥大化した」とおっしゃっており、このためには自然を愛し、紛争を嫌って、平和を守った古モンゴロイドのＤＮＡを多く引き継いでいる縄文人の血を発進していく必要があると説いている。幸いにして、我が国には縁起・輪廻を柱にした仏教の教えが根づいており、これらが現代社会にとって必要不可欠と力説されている。

現代文明が西洋合理主義によって築かれてきたこともあり、世界がグローバル化の波に乗って著しい高度な文明が形成されてきたのは、否定できない。しかしながら小谷先生も言明しているように、このままでは人類の危機が迫っているのは、事実であろう。神道は教義なしと言われてきたが、自然を大切にする心は縄文文化の影響を受けていると思われる。

現在の世界的な紛争にユダヤ・キリスト・イスラム教といった強烈な一神教を原因に論ずる人が少なくない。しかしこれは、それらが欧米を経由し脚色されたので曲解された面があり、原典を分析すると、必ずしもそうとは言えない。それらの原始的教義は自然との協調、そして他民族との共存を基盤としていたことが伺われる。フランスのルソーは「自然に帰れ」と叫び、「むすんでひらいて」を作詞曲して、人為的な行き過ぎに警鐘を鳴らしていた。このような小冊子で、表題のような大げさな内容を解明するのは筆者にとり、重荷ですが、多少なりとも何らかのお役に立てたならば、望外の喜びです。

過去に出版した拙著は、四十年間に渡って培った教員生活のノウハウに基づき出版したので容易に書き著わすことができた。しかしながら今回から過去の蓄積のネタが尽きてしまったので、全く新たに書き下ろした。それがため論理性に欠ける点が多々あるかもしれない。だが「黙ってはいられない」との心境から、あえて書き著わした。最初は、本の表題とは必ずしも関係ないと思われる事項の記述があるかもしれない。しかし最終的には、それらが拙著にて言いたい結論と直結するように纏めたつもりである。

縄文文明に注目したのは、当書のタイトルにある弁証法と深いかかわり合いがあるからである。従来我が国の文明史を眺めるさい、ともすれば縄文文明を弥生文明が駆逐していったとの見解が罷り通っていた要素がなきにしも非ずの観があったけれど、それは間違いで縄文と弥生が止揚し、新たな文明が形成されていったことを強調したかったからである。

昨年から『日本二千六百年史』大川周明著（毎日ワンズ刊）がベストセラーになっているが、当書を読むとその辺の事情が理解可能である。

平成三十年（西暦二〇一八）十一月三日　　筆　者

大川周明（1886～1957） 昭和7（1932)年撮影

山形県出身。東京帝国大学でインド哲学専攻。拓殖大学教授などを勤める傍ら軍部に多大な影響を与えた。戦後、東條英機元首相らと共にA級戦犯に指定されたが、公判中に東條を殴るなどの奇行を重ねたので釈放された。これらの行為については、故意説が有力である。というのも釈放後すぐにイスラム教典コーランの和訳を完成したことでも覗える。コーランは長年アラビア語から各国語への翻訳を禁じていたが、彼の完訳以来、日本語訳も数種類出版されるようになった。

大川が昭和14年に出版した『日本二千六百年史』は不敬罪として多数削除されたが、その部分は本音で書かれているに過ぎないと思う。

目次

第一章　弁証法とは何か

哲学とは

人がそうであるように、国も様々であり、それぞれ特色がある。例えば料理やファッションと言えばフランス・イタリア、伝統音楽や哲学と言えばドイツ、古典文学や演劇はイギリスという具合である。このことに関しては後述するが、ここではドイツの哲学について、当書の基盤となるので取り上げる。

哲学とは明治時代に西周（あまね）がフィロソフィーを翻訳した。意味は「宇宙や人生の根本問題を理性的思考により突き止めようとする学問」（『新明解国語辞典』）とある。哲学と言えば難解な学問に思えるけれども、世界の文化を発展させた古代ギリシャを源流に、近代以降ドイツ中心に仏・英といった欧州で隆盛になった。やがて米・露でも独自の進化を遂げ、我が国では西田幾多郎により東洋の伝統的思考を西洋哲学に対峙させる独自のものが生み出された。

哲学としての弁証法

さて、近代哲学者の巨星として位置付ける人物の一人としてドイツのヘーゲルがあげられよう。彼の偉大な足跡として、弁証法を確立したことがある。弁証法とは「物の対立・矛盾を克服・統一することによって、より高次の結論に到達する、発展な考え方」（同右辞典）で換言すれば正と反が対立・衝突するが、やがて止揚（アウフヘーベン）し一層高い段階で調和統一し合を生み出すという。この弁証法はマルクスが唯物論的弁証法、レーニンが帝国主義論を生み出すのに連なる。さらに毛沢東は中国古典哲学と言うべき孔子・老子らの理論と結び、矛盾論・実践論を生み出していった。こう言えば社会主義的な面に応用されていった面が多いと思われるけれども、必ずしもそうでなく右派ヘーゲル派の流れも存在した。たとえば、ハイデッガーがそうで、やがてニーチェに連なり彼らの意図に反し、ヒトラーによるナチスに利用された面があるとも言われている。

ヘーゲルは、他の欧州哲学者もそうであったようにキリスト教の影響を少なからず受けた。彼はベーメという靴製作職人の理論から多くを学んだと論述している。神学・宗教的な事柄について言えば、庶民的な人物によって大成されたというケースがよくある。釈迦は王子という身分の出身であったけれども、イエスは大工、パウロはテント製作職人出身であった。我が国でいえば、天理教創設者中山みきは、農婦出身であった。ソ連邦時代の独裁者スターリンは無神論の代表格と思われがちであるが、父が熱心な靴職人のクリスチャンで彼の勧めで、神学校で学んだ。神学を弁証法で捉えれば、神と悪魔（サタン）の対峙によって天国が生み出されていくという。弁証法の様々な事例については、これからの文中で述べたいけれど、グローバル&ローカル（地域主義）については、二十一世紀以降の人類・生物・地球の在り方にかかわってくる大きな問題であろう。

ヘーゲルを批判しながらも、弁証法の発展に多大な貢献をなした同じドイツ人にフォイエルバッハがいた。彼はヘーゲルの弁証法理論を高く評価したが、それがキリスト教神学の域を出ていないとして、唯物論の立場からそれを糾弾して、唯物論的弁証法の萌芽を形成し、ヘーゲル左派の立場からマルクスらに繋げていった。フォイエルバッハは、神を物質の属性と捉え、それに依存するものと主張した。一方デンマークのキルケゴールは有神論の立場で実存主義を弁証法の影響のもとで確立した。彼の立場は質的弁証法と言われ「人間の感情や体験は絶対的に違った質を持つゆえ、対立を越えるためには『あれか、これか』、決断によって選ばなければならない」（『新版社会科総辞典』令文社）とした。

古代に芽生え現代に生きる弁証法

弁証法の考えは古代ギリシャに始まり、既述の如く究極的にマルクスらの革命理論に連なっていったけれども、「東洋思想においては仏教の『色即是空。空即是色』道教の『陰陽』そして禅の『公案』のなかにも弁証法の考え方が示されている」（「プレジデント」二〇一六年十二・五号）

繰り返し言うが、中国共産主義革命を成功に導いた毛沢東は儒・道教など中国古典から多くの影響を受け、弁証法に基づく革命理論を構築したと言われる。かつて筆者の同僚であった故、二階堂洋氏はこれに関連して、「毛沢東主義は、儒教思想と言っても良い。大学生時代、加地伸行先生の影響を受けた」と言明していた。因に加地先生は京都大学卒業後に中華民国の台湾大学（旧、台北帝大）に留学し、長年に渡って大阪大学教授を勤められた。現在は同大学名誉教授で、我が国における中国古典に造詣深い泰斗（第一人者）である。

温故知新と言われるが、現代日本はあまりにもポピューリズム（大衆迎合主義）に陥っており、学術世界でも基礎的研究を怠っているのではなかろうか。毎日新聞平成三十年六月十四日付けで「科学技術白書の最新データによれば、引用回数の多い論文数の国際比較で日本は十年前の世界四位から九位に転落した。論文数も減って二位から四位となった」とある。日本は、ノーベル賞の数も多いし、宇宙ロケットの分野でも世界をリードしている。しかしながらこれらは、過去の遺産に依存している部分が多いのではではなかろうか。だが今の世界は、省エネ・リサイクル・環境保護という分野に向かって驀進中である。今後の我が国は、このような分野に向かって道が開けてくると思う。縄文・徳川時代のバックグランドが広がっている。日本発進のＬＥＤは、その分野の一つであろう。

毛沢東（1893 ～ 1976）
写真は昭和 24(1949）年、中華人民共和国成立樹立宣言をする毛沢東。

中国共産主義革命の指導者で湖南省生まれ。長沙師範学校卒。叔父が日本に留学していた影響で明治維新を和文書物で研究し、後にマルクス主義を学び、1921 年中国共産党創立大会に参加した。しかし蒋介石の国民党に押され、1934 年から共産党の長征（大西遷）を遂げるなど苦難の道を辿った。この時、軍をバックに彼を支えたのが写真背後に写っている朱徳である。1954 年中華人民共和国憲法を発布し、現在紙幣にそして天安門広場に肖像画が描写掲示されている。憲法制定時、中華以外はタイトルが明治以降の日本で創造された熟語であるとして問題となったが、彼は「かまわない」と言明して押し切った。

第二章　地球・生物の包括と分割の揺籃と進化論

I　地球・生命の誕生、人類の歴史

現在、地球の誕生は約四十六億年前で生命の誕生は約三十九億年前であるとの考えが定説としてほぼ認定されつつある。地球の誕生は他の衛星と同様、太陽から分身し現在のような配置の太陽系惑星が誕生した。広大な宇宙では太陽系を包括する銀河系宇宙が数多く存在するので、この宇宙には地球のような生命体を持つ星が存在してもおかしくないと言われる。現在は取り敢えず太陽系にて、地球以外で生命体が存在するか否かの検証がされている。生命体には水・酸素などが必須であるが、原始地球は火の玉状況にて生物の存在不可能であった。やがて冷却してくると、海を通して生命が誕生する。ヤマト言葉で海を「うみ」と発音するのは、全ての命の源であり、漢字の海がサンズイヘン即ち水偏に母を使用するのは万物を産み出す源であるからであろう。

「カンブリア宮殿」というTV番組があるけれども、地球誕生から現代より遡る五億四千年前までを先カンブリア時代と言っている。その後は古・中・新生代と呼びそれぞれの中を更に〜紀と区分している。古生代初期をカンブリア紀と呼び、この時代に生物は爆発的に増加した。次のオルドビス紀（四〜三億年前）は三葉虫に代表されるが、三葉虫そのものは絶滅したけれども、その仲間カブトガニは現在も瀬戸内海に細々ながら生き永らえている。また現在東アフリカの海に生息しているシーラカンスはこの時代に出現した。またゴキブリもこの時代に出現して現代に至っている。生物は進化の過程において、遺伝子を複雑にして、生き延びるため、雄雌の有性生殖を行うものが増加して今日に至っているが、ゴキブリは雄がいない時、雌だけで単為生殖を行うことが可能だという（「ニュートン」二〇一七年六月号十一頁）。古生代には石炭紀（約三億年前）という植物が大繁殖する時期があったけれども、たまたま襲ってきた氷河時代によって腐敗せず、炭化して現代の燃料として使用されている。現在は、新生代第四紀（百万年〜現代）であるが、人類は、ようやくこの時代に発生した。

地球の内部と大陸漂移説

地球の内部は、どうなっているのであろうか……。簡単に示せば凡そ次の如くなっている。中心にコア内部、外層部にマントルが覆い、その表面に海や大陸が存在する。火山や温泉は、この表面にあるけれども、ここは、長期的に見ると常に爆発・漂流をゆっくりしながら行って現在に至っている。ドイツ人のウェゲナー（一八八〇〜一九三〇）は、一億年前に大陸は一つであり、それが次第に漂移して現在の大陸配置になったと唱えた。発表当時は、荒唐無稽な説であると非難されたけれども、現在では大陸配置・磁気学、そして海を大きく隔てた大陸間で先祖を同一にする動植物が存在（例えば豪州と南米大陸に同種有袋類がいる）などから学説として完全に証明されている。

Ⅱ　進化論の歩み

A　ダーウィンの進化論

進化論と言えばイコール「ダーウィンが来た」のＴＶ番組が示すとおり、ダーウィニズムで置き換えても良いくらい定着している。ダーウィン（一八〇九～八二）は英国の生物学者で主著『種の起源』によって名声を確立した。彼がそれを著述するきっかけは、南米エクアドル（赤道の意）沖合千二百㎞に存在する同国領ガラパゴス諸島の探険を通じてであった。同島は大陸からそれなりに離れている火山島であった。しかしながら絶海の孤島と呼ばれるほどでなかったので、大陸から様々な生物が辿り着いた。当地で各生物がルーツである大陸の種と異なった独特の進化を遂げたことを実証した。また各島々や地域によって一つの種から更に分化して独特な種へと変貌を遂げたことも……。例えば同島のイグアナはリクイグアナとウミイグアナに分かれ、陸地の木の実・草花を餌にする種と海藻を食べ生存している種に分化している。後者は当然泳ぎ・水中潜りに長けている。またダーウィンフィンチと呼ぶ小鳥は、小枝を使って虫を捕獲する。ゾウウミガメは同島名の元になったこの島の固有種であるが、天敵がいなかったので世界一巨大な亀となった。ダーウィンは同島に適応した生物のみが生き残った現象から、生存競争・適者生存の学説を打ち建てた。

ガラパゴス諸島は長年無人島であったがゆえに、動物は人を恐れなかったのでダーウィンは詳細に観察できた。同島では拙著のメインテーマである集約と分散の現象が地球上の規模を超縮小した形で検分可能であった。元は一つであったものでも、地域差により次第に亜種となり、やがて別の種へ進化していくという現象が生じる。亜種間では、互いに交雑が可能なものが多い。馬と驢馬のラバ、山女と岩魚のあいの子、鴨と家鴨の合ガモなどこれらは両者の長所が保たれるので、重宝がられる。しかし残念ながら、一代限りで子孫が増えることは少ない。ラバは、全く生殖能力なしという。人は民族の相違あるけれど、亜種はいないので異なった民族も混血可能である。だが結婚で子供の生まれる比率は、同一民族に較べると低下するという。異種の交配によって相互の良き特性を生かしていくのは、植物では積極的に行われている。一代強制雑種といわれ、野菜類で多種類に渡って行われている。体験上では栽培が楽になるけれども、次年に種子の発芽率が極端に低下し品質も使い物にならぬくらい落ちる。トウモロコシなど事実上種子メーカーに牛耳られる。現在我が国の聖域、米作についても米国資本によるそのような話が取り沙汰されている（「月刊日本」平成二十九年五月号特集「日本の米を守れ」）。いわゆるハイブリッド米である。

さてダーウィンのことに話を戻す。彼の時代は、イギリスが「日の没せざる帝国」として世界中に君臨し、産業革命を起こし地球全体をリードする国家であった。それ故、生存競争による自然淘汰・適者生残りという理論が積極的に受動可能な土壌が醸し出される時代に遭遇していた。英国が中心となって白人の世界支配に理論的根拠を与える考えであった。それは生物界に止まらず、政治経済・文化にも多大な影響を及ぼした。それに先駆ける約一世紀前から国力を増して大西洋から太平洋に向けて領土を拡張し、第一次大戦により一躍世界一の大国に躍り出た米国の影響により英語が事実上の世界共通言語となった。世界言語として、長らくフランス語が使用されていたが、第一次大戦を境に英語に地位を奪われた。最近の例では、旧仏領で独立国となった国でも第一外国語を英語に転換する国が増加している。例えば、ベトナム・ラオス・カンボジアなどである。

ダーウィンは、大学で神学を専攻していた時期もあり、基督教に理解が深かった。しかしながら彼の理論があまりにも革新的であったので、教会から一時的に遠ざけられていた。だが彼の名声が世界中に広まるにつれ、教会側が歩み寄り、現在ウェストミンスター寺院に葬られている。彼の理論を一口で言えば、闘争に勝ち抜いた生物のみが、優者残存という形で生き残って栄えていくという理論として集約される。人類の歴史上で未曾有の飛躍を遂げた時代ゆえ、それに適合するとして何の疑念もなく受け入れられ、揺るぎない理論として全世界に広まっていった。

現代文明が欧米の手によって推進されたこともあり、様々な点で欧米の価値観が全世界を支配しているように思える。しかしながら現代世界で様々な弊害が生じてきていることも事実である。それらについては、別項にて述べるとして、ダーウィンに影響を及ぼした又は補正した遺伝進化論について若干スケッチしてみたい。

B　ダーウィン周辺の遺伝学・進化論

メンデル

メンデル（一八二二〜八四）は欧州のオーストリアで基督教カトリックの修道院に於いて

修道僧（神父）をしていたが、生物学に造詣深く、院内の庭園に於いて各種のエンドウを多く栽培し、生涯をかけ「メンデルの法則」を発見して遺伝学・進化論に大きな功績を樹立した。彼は一八五〇年から八年間、エンドウ豆により花色・形（丸・四角）など様々な異なる品種の物を二二五回に渡って交配を重ね、一万二千九百八十種の雑種を獲て、遺伝の法則を六五年に発表して世に問うた。しかしながら全く無視され続け、失意の中で世を去った。けれども後述するように、やがてメンデルの学説が高く評価されるようになり、現代では揺るぎない理論として確立されている。

彼の学説、解りやすく言えば彼の学説を受け継いだ学者によれば、オシロイバナは元々白色であったが、突然変異により赤が生じた。それを交配すると、一代目では桃（ピンク）色となる。二代目は赤三・白一、三代目は赤白三ずつ、四～五代目では赤一・桃二・白一となるが、六代目以降は赤一・白三の割合となり元の原色が優勢になると実証した。

コスモスは一般的に桃・白であるが、稀に黄が生じることがある。しかし管理をしっかりしないと、消滅するケースが多い。突然変異は遺伝子が環境に適応して、強力に根付く場合は独立して存続するけれども、そうでない時はじり貧になる。昔から紫の花は生じにくく、それ故に高貴な色彩として崇められきた。ムラサキツユクサは帰化植物であったけれども、染料の原料としても重宝がられてきた。サントリー㈱は遺伝子操作によって青のバラを造りだした。

メンデルの如く、カトリック神父は高度な技・学術に長けた人が多く、マテオリッチは中国清で地理学者として皇帝から厚遇された。日本で中世言葉を体系的に記した初の国語辞典は、ポルトガル人のカトリック神父によるものである。また年末の著名賛美歌「きよしこの夜」は、メンデルと同世代オーストリア神父のグリューベル作詞作曲による。

ド・フリース

ド・フリース（一八四八～一九三五）はオランダの遺伝学者で、埋もれていたメンデルの遺伝学研究を評価して世に高らしめた。また彼自身の偉大な功績としてマツヨイグサを使用して変異を研究し、突然変異説による遺伝学を提唱してそこから進化論における一大学派を確立した。突然変異は、生物の進化で重要な役割を果たしていると考えられる。それは突然変異によって生じた異変が従来より環境に適応していると思われる時、突然変異がそのまま主流になることも有り得るからである。これが遺伝学・進化論に多大な影響を与えることとなる。即ち一般的に言って突然変異と言えば、従来から一過性の物と考えられ、特殊なるが故に、やがて自然消滅していく運命にあると考えられていた。しかしながら、それがより有益で周囲の状況に適合した場合、ずっと永続的に生き永らえていく事態となった。ましてそれが人類にとってより有益と思われるケースの場合、突然変異の物が重宝がられ、後世に受け継がれていくことになる。突然変異が主流となる場合も、それが自然の状態の枠内に於いて行われる時は然したる問題は生じないと思われる。ところが人為的操作が自然界の摂理を越え、過度に普及させようとした場合、大きな問題が横たわっているように思われる。

昨今、大々的に行われている遺伝子操作による突然変異種の横行である。これは未知の部分も多いだけに、これは緊急の課題とされている。例えば遺伝子操作による大豆・トウモロコシなど増大する一方であるけれども、利便性の反面その弊害も多く指摘されている。病虫害に強いとされるが、一代強制雑種であり種子は大メーカーによって管理され、多様性が失われ、しかも人類が長年に渡って常用した場合の危険性も指摘されている。豆腐・醤油など遺伝子操作によらないと断わってある商品もあるが、実態は輸入食糧を中心に除々に範囲が広まりつつあるという。

ラマルク

ラマルク（一七四四〜一八二九）はフランスの植物学者・進化論者で一八〇九年『動物哲学』を著し、進化の要因として習性の影響による用不要説を唱え、彼なりの進化論を体系づけた。盲腸的存在という熟語があるけれども、一般的に痕跡として残存している物の代名詞となっている。実際生物は、進化の過程に於いて不用な器官が消失・退化し、また必要と思われる器官へと変化していく。長い進化で水中から陸へ上がった動物は、鰭が手足に変化し、また恐竜から鳥へ進化した場合、手足が羽根へと進化していった。鯨は、陸から海へ進出するに伴って足が鰭に変化したという。しかし哺乳動物としての行為はそのまま残し、口からの呼吸も原型を留めているのは承知のとおりである。ラマルクの説は、ダーウィンの進化論に多くの影響を与えた。

C　反ダーウィニズム的進化論

基督教保守的福音派に見られるダーウィニズム否定・懐疑論

我が国では進化論に於いてダーウィニズムの影響が圧倒的に強い。ダーウィン以外の進化論について述べることは、異端視されかねない。進化論とは、ダーウィニズムそのものと受け止められている様相である。したがって世界の大勢もそのようであると見做している面があるけれども、これは必ずしも正しくない。例えば「レムナント」平成二十九年二月号によれば、米国での二十一世紀初頭ハリス世論調査機関の調べでは米国民の五十四％が進化論そのものを信じていないという。日本は、ダーウィニズムに疑いをもたずに信奉している国のベスト五位の結果が出ている。

一般的にアメリカ合衆国といえば、ハイテク分野をはじめあらゆる科学技術に於いて全世界の最先端を突っ走る国ゆえ、その動向に十分注視していかねばならない。だが反面米国の進化論で注目すべきは、キリスト教の影響と州権が強いという二大要素が考えられる。「米国で五千万人とも一億人ともいわれる、福音派・・・聖書を『神の言葉と信じる人びと』・・・プロテスタントの一種だ。・・・判断の規準は聖書だけ、と考えるのだ。進化論や天文学も、本当かという気分になる」〈東京工業大学橋爪大三郎教授〈平成二十九年七月二十五日付日本経済新聞〉〉米国の福音派は、南部を中心に信者が多く、政治的にも侮り難い勢力を有しており、大統領選挙に大きな影響を与えている。その教義からして、保守派の影響が強く原理主義的とも思われ、例えば妊娠中絶に強く反対している。禁酒・禁煙派も多く、最近の大統領ブッシュ（子）、トランプは、禁酒主義者である。

米国は、州権が強い事実についていえば、二〇一七年大統領選挙に於いて総数で三百万下回っていた候補が、州で一票でも多ければその候補が州割当て票の全てを制する仕組みにより、人口多い州を押さえて当選したという事実があった。このように州権限が強いことから公立学校で進化論は、神の教えに反するとして無視している州が少なくない。反進化論者は、化石が進化の過程を示していないことを科学的根拠としている。

仏・儒教を中心とした東洋的宗教は、循環・天・空・無ということは説いても絶対神とは無縁である。釈迦や孔子は教えを説いた偉大な人物として尊敬することはあっても神ではない。絶対神は、人心を統一しヤル気を奮い立たせる長所があるけれども、ともすれば自己の立場を絶対視して紛争に発展することが少なくない。これは現代の世界情勢を見渡してみても理解可能であろう。ここを何とかしていかぬと、地球の危機が訪れるのではと危惧する声が高まっている。

宇宙&生命の神秘

進化論も遡れば、宇宙・地球・遺伝学に辿り着くので様々な学説を素描してきたが、ここで改めてそれらに触れてみる。既述「レムナント」誌によれば、京都大学佐藤文隆教授は、自然界で電子の質量一％違っただけでも人類の発生は形成されなかったという。また、平成二十九年七月二十四日付「日本経済新聞」によると、海洋研究開発機構高井研深海・地殻内生物圏研究分野長は、地球上百億種と言われている生物の中には太陽光の全く届かぬ千～二千m深海で三百度を越える熱水にてカニ・エビ・貝の種が数えきれないほど生存している事実を確認した。地球に生命が誕生した約、四十億年前の謎を彷彿させるという。

現在の地球自然環境における月の存在は、見逃せない。古くから文学にも多く記述されてきたけれど、月引力により、二十三・五度地球が傾き自転することから、潮汐の干満が生じ、四季が生まれる。これにより、地球は適当な刺激が与えられ、バランス良く生物が生存する環境が醸し出され。これらは、理詰めによる解明のみでは不可解で神秘的な要素が伴い、宗教的要素が生じてくる。無神論と有神論は相反する如くに見られているが、必ずしもそうではない。「良く実った穂ほど頭を深く垂れる」と言われる。著名な自然科学者にこの傾向が見られる。アインシュタインは、「従来からある偶像・個人崇拝の宗教の神は認めぬ。だがサムシンググレートとも言うべき宇宙天地を創造した神は認め崇める」と言明した。一見して矛盾するような解明が当書の意図するところゆえ、ゆっくりと分析していきたい。

D　今西錦司（きんじ）「棲（す）み分け論」による進化論

今西錦司（一九〇二〜九二）は、科学哲学的立場から反ダーウィニズムを唱えた日本が誇る世界的進化論者である。彼の進化論を纏めて言えば、次の如く要約できる。即ちダーウィンの血みどろな生存競争による適者生存の考えは間違っており動植物は、互いに「棲み分け」により平和共存しているという「棲み分け論」（以下「」を省略）を唱えた。これは、ダーウィンの如くキリスト教及びそれにルーツを持つユダヤ教そして後のイスラム教のように強烈な一神教の論理に懐疑的で、全面的に循環平和共存を目指すインドや中国哲学に基づく東洋思想による二十世紀の新しくユニークな進化論であった。

棲み分け論を唱えた今西錦司の生い立ち

イギリスは、ダーウィンが『種の起源』を発表（一八五九）し、それに刺激され社会的にダーウィニズムを強力に後押しをして推進していった。例えば、著名な哲学思想家スペンサー（一八二十〜一九〇三）は大英帝国の飛躍に理論的根拠を与え、一八五八年インド亜大陸を支配するに至った。今西錦司は、これらの背景にあるダーウィニズムに反旗を翻した。

今西は、明治三十五年（一九〇二）京都西陣染物問屋「錦屋」の長男として誕生し経済的

今西錦司（1902～1992） 1979年文化勲章受賞時。

筆者は長年彼を身近に感じてきたし、当書の出版を志すきっかけ作りをしてくれた。彼は60歳にしてようやく大学教授のポストを手に入れた後、トントン拍子に出世した。国立大学学長、文化勲章受賞者に昇りつめていった。ところが特にこのような状況になると妬み・やっかみという現象が顕著になる。ある時、学長として記念講演中に「今西さん、あなたは地位を求めぬと言っておられたのに何故学長に就任されたのですか」と野次を飛ばした人がいた。筆者はその時、「名人は名無し」との中国故事を想った。名誉心も利己心である。だがそれは価値観の高いものである。名誉心すらなくそうとすれば、無限の精進を必要とし、名人にして初めて到達できるのであろうと……。

にゆとりをもって育った。彼自身「四十歳まで給料らしき物は貰った記憶がない」と回顧している。学校は京都一中（現、洛北高）、第三高等学校（現、京大教養部）、京都帝国大学農学部へと進学した。それらの同窓生に、我が国初の南極越冬隊長となった西堀栄三郎（「山男の唄」作者）著名な農学者四出井綱彦、桑原武夫（俳句第二芸術論唱える）らがいた。西堀と四出井は、後にそれぞれ今西の妹と結婚した。

今西は、登山家としても有名で京大入学のさい、理学部より農学部を選んだのは登山の機会が多いと思ったからというエピソードが残されている。今西の育った家は、鴨川沿いで現在以上に自然に恵まれていた。後に博士論文で棲み分け論の根拠となったカゲロウが多種類生息していた。今西は、京大大学院へと進み昭和八年（一九三三）京大理学部で講師嘱託となり、しばらく無給で過ごした。太平洋戦争勃発前後から南太平洋のポナペ島、中国東北の大興安嶺などを探険・観察した。終戦後は北京に一年留まり、翌年帰国して正式な母校理学部常勤講師に就任した。やがて研究対象を馬・狼・ゴリラ・チンパンジーへと広げ国内外に探査を重ねた。そして理学部に自然人類学講座が新設されたのを機会に、六十歳にして初めて教授となった。この間、各隊長としてリーダーシップを身に付けていった。昭和四十年京大を定年退職し、岡山大学教養部教授、四十三年に筆者母校の岐阜大学学長に就任し二期六年勤めた。退官後も登山更に著述活動を精力的にこなし五十四年文化勲章を受賞して、平成四年（一九九二）に明治以降四代の元号に跨がった生命を閉じた。

棲み分け論の概略

カゲロウとは

今西は、水性昆虫カゲロウが河川の水平・垂直それぞれの異なる地域により、異種が棲み分け、平和共存をしているのを観察発見した。カゲロウとは如何なる生物であろうか。それは我が国では、古来から**はかない**ものの代名詞として詩歌に唄われてきた。水底の石や土砂の底で一〜数年過ごし、地上に出現し羽化してからは一〜数日で命を終える。漢字では蜉蝣と表記するが、トンボ「蜻蛉」と字が似ているので『蜻蛉日記(かげろふ)』の如く、両者が混同されてきた面もある。また太陽の直射による空気のゆらめきを陽炎と書きかげろうと読む場合もある。筆者の若き日、仲宗根美樹「幸せはカゲロウか束の間に消えた街角」（「雲は流れる」）という唄が流行っていた。カゲロウは、ラテン語では一日や翅(はね)の意味が、英語では五月に羽化することからMayflyが取り入れられている。さて、カゲロウは他動物の餌となる以外にこれといって役立つ動物と言えず、富栄養化した河川で大発生し、道路に死骸が溜り車をスリップさせることもある。しかしながら、陸生の種の幼虫はアリジゴクと呼ばれ害虫を捕獲してくれる。かつて良く見かけたが、コンクリート化が著しく砂場の減少により、見る機会が少なくなった。また通称ヘビトンボと呼ばれる種は、漢方薬として重宝される。

世界的に多種類存在し、約三千種に及び、日本では十三科三九属百四二種を数える。中にはイマニシマダラカゲロウとして世界で学名登録されている種もある。今西は、棲み分け論を確立するさい、カゲロウの水平面における生態を中心としたが、次第に垂直面にも広げていった。カゲロウ以外に、例えば陸封型といわれ、海へ下らなくなったサケ科の魚類でイワナとヤマメはかつて同種であったが、それぞれ垂直型で棲み分けていると証明した。ちなみにサケ科の魚類は、一代限り交雑は可能であるが、二代目以降は子孫が残せない。

棲み分け論とは何か

今西の棲み分け進化論は、既述のようにダーウィニズムが一見して反聖書的であるように思えるのに対して、実際は極めて強烈一神教的要素に充ちていることに対する反論である。それに対するアンチテーゼとして、儒・仏教を基盤とした進化論である。そもそもダーウィンの進化論は、適者生存即ち自然選択説に行き着く。それは各器官を含め、各生物は、自然にとり必要と思われるものは生残り、不必要なものは切り捨てられてゆくという。人間の盲腸は、かつてそれなりに役立っていたが、今は退化器官とされている。俗に「盲腸的存在」といわれている。ダーウィニズムは、社会科学との結び付きが強く欧米白人による世界植民地支配に理論的根拠を与えることに連なる。これが高じ、やがて優生学思想として成立した。ヒトラーは、これに基づきユダヤ人六百万人大虐殺のホロコースト、ロマ（旧ジプシー）人の五十万人殺害、そして身体障害者に対する多数の断種手術（永久避妊手術）を行った。国立遺伝学研究所の太田朋子名誉教授によれば、「生物の存在にとって少し不利な変異こそが重要である」（平成二十九年八月五日付産経新聞）という。

今西がダーウィニズムに疑問をもったのは、カゲロウの棲み分けを観察するうちに、自然淘汰説では説明不可能な現象を目にしたからという。カゲロウは、幼虫時代は肉食であるが、種が異なってもカゲロウ同志では決して共食いをしないという事実がある。つまり種目の保存ということを本能的に身につけていたのである。よく生物によっては、同一水槽で飼育していると、共食い現象が生じると聞くけれども、自然界ではそのようなことは皆無に近いという。卵や孵化直後の子でも同一種同志はそれが起こらぬという。蛸足配当の言葉があるが、切羽詰まった時に起こる超例外的現象であろう。

今西進化論への反論

同種同志の動物で子孫を残すため、雌を獲得するための争いで相手が生命の全てが係っている首を差し出した時、またはすごすごと去っていく時は追い打ちはしない。敗れた雄は、再び子孫繁栄のチャンスが与えられることに通じる。これは、種族を維持していくための本能的知恵である。今西が棲み分け論のきっかけを掴んだのは、昭和八年で十四年（一九三九）に『日本渓流のカゲロウ目の研究』で京大から理学博士を授与された時である。太平洋戦争中は、中国興安嶺を縦断し、中国に留まり内モンゴルを調査した。博士論文を基本に、様々な調査の結果を加味して、今日に読み継がれている『生物の世界』を十七年に出版した。戦争が激化する一方で彼は、遺書のつもりで執筆したと語っている。

彼の棲み分け論の結論は、「生物は、変わるべき時が来れば変わる」であった。例えば人間が四足から直立するようになったことなど、その典型であるという。それは、自然即ち天の判断であると主張した。今西の理論は、彼が培われた東洋思想が根底にあると思われ、欧米系の学者から快く思われなかった。彼の生存中は、多数の著作が出版され、社会的な活躍も旺盛であり、世界的にもそれなりに評価されていたが、死後は国内でも衰退の兆しがみえる。例えば、『岩波生物学辞典三版』（一九六〇初版）では棲み分けの説明が成されていたが、四版（一九九六）では、「消滅する理論である」と記述されている。また共立出版の『生態学辞典』（二〇〇三）では語そのものが消えている。ここまで来ると筆者の意図とは裏腹に棲み分け論そのものが、危機的状況に陥っていると言えなくもない。そこで何故当論が疎んじられてきているかについて、考察してみたい。

棲み分け論に対する感情的反感

反対論の最大の論点は、今西説は実証を重んじる近代科学に対し、あまりにも非科学的であり、宗教論の一種に尽きるという。「変わるべき時になったら変わる」の言葉は、欧米人からすれば基督教に於いてイエスが処女マリアから誕生し、湖上を歩き、荒野で五千人分のパンを創出し、死後三日目に甦ったという教義に通じるものを感じ取ったのであろうか。しかし聖書には、「見ずして信じる者は幸いなり」とあるが……。またダーウィンが地球一周の航海に出て、南米の孤島ガラパゴス諸島に綿密な観察を重ね、イグアナや小鳥フィンチなどの実態から進化論を生み出したのに対し、今西の場合たかがカゲロウという小水性昆虫から進化論を導きだしたに過ぎないという軽蔑的眼差しがあったと思われる。それと共に決定的に重要な要素として、今西の論文は、英文のものが限られているという点にあった。初期の頃は、博士論文をはじめ英文のものもそれなりに有したが、生涯を通じた場合、その大半が和文であった。そのため主要論文の多くは彼の代表的弟子達が英文に翻訳した。もちろん今西とて、英・独・仏語に堪能で旧英仏植民地であったアフリカ諸国にゴリラ・オランウータンなどの探索に隊長として出かけた。しかしながら第二次世界大戦中は英仏語は、敵国語として使用を躊躇せざるを得なかったという事情を考慮する必要があろう。筆者が学んだ大学でドイツ語は得意であるが、英語は苦手という教授がいた。今西論文が英語が少ないという出発点から、彼の業績を過小評価した風潮があった。そういえば、我が国でも福井謙一ノーベル化学賞受賞者が、優れた論文ながら日本語で書いた学者を罵倒したというエピソードがある。

人は亡くなると、忘れ去られるのが常である。その点、釈迦・孔子・イエス・ムハンマドらはカリスマ性に富み、才能に恵まれていたのであろう。宗教家でなくとも、現代に名を残す人々はそれなりに偉大な人物であったろう。こういう観点から見ると、今西は忘れ去られつつあるのかもしれない。しかしながら世界的にも今西に注目していた著名な学者がいたし、我が国でも、死後三十年近くたつが、彼の棲み分け論を評価する声がある。以下それについて私見を交えながら述べてみたい。ダーウィンを信奉する英国人オールステッドは、『今西進化論批判の旅』（築地書館　一九八八邦訳初版）を著した。題名から察せられるように今西氏に批判的な内容であった。しかしながら筆者が繰り返し熟読すると、必ずしもそうとは言えなかった。彼は、今西の存命中に京都大学に半年間留学して棲み分け論について研究を重ねた。最終的にダーウィン直系の愛弟子として今西に妥協しなかったと言われるが、滞在中は今西との交流を深めた。オールステッドは、帰国後欧米にて今西理論を批判的ながら紹介したことによって棲み分け論が知られることになった。しかし彼が交通事故死してから、棲み分け論が話題に取り上げられることも少なくなった。その後、世界へ向けて今西理論を発進し続けたのは、オーストラリア大学柴谷篤弘教授であった。彼は、今西理論を批判的に論じながらも多く英文に翻訳して世界に紹介し続けた。今西理論が世界に定着するのを熱願し、石原元（『今西錦司〜そのアルピニズムと生態学』五曜書房　著者）によれば、「誉め殺し」の逆に当たる「貶めて生かす」存在という。今西理論が次第に評価されなくなった原因には、彼自身の姿勢にもあった。彼は進化論に留まることなく、登山・探検家としてのキャリアを生かし、カゲロウから類人猿の世界へと分野を広げていった。もちろんそれは進化論と不可分と考えられていたが、棲み分け論を進化発展させることに繋がらなかった面があった。しか

しながら今西の功績は、生態学エコロジーという今後の地球にとって必要不可欠な分野へと裾野を広げていくことに連なっていく。

E　生態学の確立に向けて!!

幸いに今西進化論は、我が国では根強い支持者に支えられ復権の兆しが顕著である。文庫・新書版はそれなりに地道に版を重ねているし、最新の分野でも今西研究書が複数発刊されている。また一九九四年に発刊された全集や数種類の増刷著作は、現在入手可能である。これらリストは、参考文献欄に一覧表として記してある。死後三十年近くを経てなお学術書として命脈を保っているのは貴重な存在といえよう。既述のように世界的にはやや疎んじられてきている傾向もあるけれど今こそ今西学を世界に発進せねばならない時期が急迫していると確信する。その理由は、切羽詰まった状況に今地球が追いやられていることに他ならない。それは、今西が棲み分け論と共に目指した生態学に集約される時代の流れである。今西は、退官後各地へ講演に多く招かれたが、その中で「文化が均一になって単層化しますと……どこかにちょっと故障が起こったらそれでみんな**いかれて**しまう」（『私の進化論』四三頁，思索社）の主旨を述べ、棲み分け論に基づいた生態学の重要性を強調している。そこで生態学とは何かを一言で要約する。

生態学とは、Ecologyといわれ、一八六六年ヘッケル（独）が唱え、生物とそれを取り巻く無機質環境との関係、例えば気象・土壌・地形・温度・大気などを研究する学問である。我が国では一八九五年に三好学によって、生態学と訳された。二十世紀後半から今世紀にかけ世界的に大きく取り上げられるようになり、現代ではそれが緊喫の課題となっている。早急な対策を講じないと、人類の生存が危なくなってくると警鐘が鳴らされている。そこでそれらの主な要点を箇条書にすると次のようになろう。

地球温暖化

旧約聖書創世記にノアの洪水の話がある。人類の驕り高ぶりに対し、神は警告を発していたが、聴く耳を持たなかったので、やがて大雨が降り続き全生物が絶滅しそうになったという。ただノアの家族だけが神の声を忠実に聴いて、それに従い箱舟を創り生物の**つがい**を乗せたので、絶滅を免れたという。当書を執筆中、北九州で未曾有の大洪水が発生し、子供づれの妊婦の犠牲を含む多数の死傷者が出た。気象庁の高官は、「人為的な温暖化現象と無関係でなかろう」と警告していた。

地球温暖化とは、二酸化炭素など温室効果ガスにより地球の気温が高まり、四季や生活環境に各種の悪影響を生じる現象をさす。例えば異常気象・氷河&両極氷山融解による海水面上昇・珊瑚礁の白化現象・昆虫異常発生などである。これらは、人類の崩壊を迫る由々しき事態となっている。これらの対策として、二酸化炭素削減のため石炭・石油の大幅制限、省エネの徹底、風・水・潮汐・地熱といった自然循環的エネルギーへの転換が急務とされる。地下エネルギーのうち天然ガス・ウラン原子力は二酸化炭素の排出は皆無とされるが、前者は石油より枯渇が早いとされるし、後者は廃棄物や事故汚染が深刻で推進が懸念されている。原子力については、改めて後述する。

二〇一七年に発足した米国政権は、温暖化対策に消極的と伝えられている。世界の学者でも、温暖化現象は歴史的に現在巡ってきたに過ぎないと主張する人も少なくない。しかしながら産業革命以来人類は、莫大なエネルギーを浪費してきた。それらの現象をみると、どうみても地球温暖化に連なっていると断定せざるを得ないと思う。かつて有識者の手によりＰＣＢの使用で、オゾン層の破壊をもたらす状況と指摘して危機感を抱き、それを中止に追い込んだ。また殺虫薬のＤＤＴが深刻な土壌環境汚染をもたらすとして、使用を止めさせた。最後者は、ノーベル賞を受けた業績であったが、勇気を以て使用禁止の方向へと進ませた。最近では、水銀使用が消滅しつつある。代替物はあるので、人類・生物にとって危険なものを避ける方向が当然であろう。ＰＣＢやＤＤＴは、人工的化学物質であった。自然界に存在しない物質を人間の手で創造するのは、天の摂理に反しているのでなかろうか。太平洋・インド洋などに存在する小島国には、海水面の上昇により、消滅の危機に瀕している国々がある。人間の手によってこのような状況がもたらされているとすれば大きな悲劇である。

海洋汚染

地球の四分の三を占める海洋で汚染が深刻化し、除々に生物を蝕みつつある。原油流失事故・船舶バラスト水（積荷降ろした後の補填海水）、積荷に潜む外来生物陸上拡散（ヒアリなど）そしてプラスチックゴミの激増などである。プラスチックゴミに限って述べると、浮遊するそれの分解拡散、近年化粧品に含有される微小粒プラスチックが全海洋にばら蒔かれ、問題が深刻化している。そのうえ、無秩序な水産資源の乱獲による資源枯渇は由々しき事態である。昔から「水に流す」と言われてきたが、近年では自然の自浄作用を遥かにオーバーしてしまっている様相である。

人口爆発と難民発生

世界人口は、長年に渡り数億人以内に留まっていた。それが産業革命・地理上の発見時代を経て、二千五十年には百億人を突破する勢いという。我々は、歴史的に近世を見ると欧米諸国が米大陸・アフリカ・東南～西南アジア・オセアニアで植民地、ロシアがシベリアからアラスカまで、なぜ急速に進出し得たのか不思議に思う。そこで見落とされていることに、当時の被植民地は、人口が未だ稀薄であった事実がある。現代のように多人口であれば、抵抗が強く、そうたやすくいかなかったと思われる。

さて、現代の生態学にとっての問題点・国際的トラブルの要因、特に難民発生の背景に人口過剰が原因するとの説が有力である。現代日本を含め、少子化で悩んでいる国もあるが、世界的には人口爆発の勢いが止まっていない。技術革新による食料増産、医療技術進歩、厚生福祉向上による高齢化など技術面での人口増加要因以外に宗教的理由が見逃せないと考えられる。米大統領選挙になると必ず論争になるのは、人工妊娠中絶論争である。この背景には、宗教が絡んでいる。聖書の冒頭に「生めよ殖やせよ」とあるが、どの宗教も多かれ少なかれ多産を奨励している。これは幼児そして若く結婚前に死亡する人々が多かったので、そのように説いたのであろう。究極的には、バイブルに「得るものあれば失うものあり」とあるが医学の発達で死亡率も格段と減少した以上、産児制限の方向は不可欠と思う。

多様性確保

「一度喪失した生物の種は、二度と甦ることはない」と叫ばれ、国際的に多様性確保の組織が運営されている。この課題は、当書のメインテーマでもある。グローバル化の時代、世界が超スピードで多様性を失いつつある。それを失う代償は、今更指摘するに及ばないと思う。一九九二年生物多様性条約が締結され、二〇〇八年現在で百九一ケ国が加入している。具体的措置として、例えば北極海ノルウェー領スバールバル諸島に現代の「ノアの箱舟」百万種類の植物種子を保管する施設を完成した。

人々は、旅を愛する。それは自分の住んでいる地域とは異なった風景を求める多様性に対する憧れからであろう。換言すれば、本能的な要素が潜在していると見做して差支えない。人間の場合、ホモ・サピエンスという同一種から出発し、各地域に適応した形で皮膚・毛髪・目彩・身長など分化していった。それは予期せぬ大災害にも、全地球が壊滅せぬ限り、どこかの地域の人々が生存していけるという天の配剤である。生態学 Ecology とは、生物が多様性を保ちながら、微生物を含め互いに相互依存を計り、棲み分けをしながら生きていくのを確立することであろう。「南氷洋で三重県並みの面積を持つ氷山が融解し、亀裂が生じ流氷化の兆し」（平成二十九年七月十三日付毎日新聞）とある。この方向が進行すれば、海水が上昇し島国は亡国し大陸も臨海部が浸水しパニックとなり、地球の危機が訪れる。これは人類が突出してエネルギー浪費をしてきた結果に他ならない。人類のみが生存可という状況はあり得ない。

ヒロシマ・ナガサキ・スリーマイルズ島・チェルノブイリ・フクシマ

右記の表題から、共通項を見出す人々は多いであろう。最初二項と最後に日本人の少なからぬ人が宿命のヒバクシャ（被爆者）として、長く負の遺産と付き合っていくこととなる。世界的にみても出口の見えぬ不条理な課題として人類は長く拘束されていくことになる。原子力は、「トイレなきマンション」と言われるが、現在の効率にばかり目が奪われているけれども、危険な廃棄物の処理が十分確立していないのに見切り発車してしまっている。小さな容積で高いエネルギー持続維持の優れた点は認めるが、廃棄物処理が十分確立していないので人類はもちろん、あらゆる生物にとって危険極まりない様相である。米国の原子力空母は、何年間も燃料補給をせず、地球を何百周航行可能である。その米国の如く広面積国でも、原子力廃棄物処理に十分な方法が確立されていない。プルトニウムを再利用する夢の増殖炉は、我が国でも挫折した。現在地球上で唯一原子力廃棄物を処理するのに着手したのは、北欧フィンランドのみである。それとて無毒化に成功したのではなく、高レベル汚染物質を完全無毒となる十万年間、安定したと思われる地底深く閉じこめる施設である。

従来原発反対といえば、反体制派の人々が多かったけれど、近年は保守派の論客からさえ反対論が沸騰している。例えば小泉純一郎元首相や竹田恒泰前慶応大学講師などである。私見ですが、筆者は当分の間、必要最小限の原発は維持すべきと思う。その理由は、中国・韓国で原発増強の状況、そして北朝鮮での核兵器開発の現状を勘案すると日本が完全に0とするのは、大きなリスクが伴うと考えるからである。現実には、現在建設中の原発は東通・大間の二ヶ所である。これらは、東北大震災前から計画着工されていたもので、世界一厳重な審査基準のもと、近隣諸国の万一の事故などに対応ノウハウを保持していくとの立場からの対処である。再稼働した原発は、廃炉時期を早めたので近い内に完全廃炉となるし、新設は現在の状況からして困難と思われる。

一九八六年に発生したチェルノブイリ原発事故は、ソ連邦崩壊の一因となった。原子力は完全制御方法が完全に確立するまで一時封印する覚悟で世界が対応すべきである。そうでなければ、不測の事態によって地球が崩壊しかねない危機が内蔵されている。原子力については、完全情報公開が何よりも必要不可欠であろう。原発は、初期の運転費は安価で済むけれど、後始末に多大なコストがかかる。特に東京電力福島原発のようにメルトダウン、大気に大量の放射能漏れがあった時、その費用は天文学的数字となる。それに避難住民の帰還もメドが立たない。放射能汚染のリスクを抱えながら、復旧作業に従事する方々には深く頭が下がる。

以上、緊喫の課題となっているものをスケッチしたが、他に情報化・電子化時代に伴って電磁波が飛び交っている。これなど大丈夫であろうか。かつてその弊害が声を大にして叫ばれていたが、最近はメーカーに屈してかあまり聞かれなくなった。これも子供に与える影響など、より大切なことではなかろうか。

第三章

凄まじいグローバル化現象と
アンチテーゼとしての地域主義擡頭
～両者による葛藤と棲み分け的弁証法

I　凄まじい勢いのグローバル化現象

日本昔話で諏訪湖の畔に住んでいた老人が「海という大きな湖があるらしいが、まさかこの湖ほど大きくはないだろう」と語る話がある。我が国のような島国でもそのような話が語られていたので、現代社会でも海を一生見ることのない人々が、内陸国を中心に少なからずいるであろう。しかしながら現代の実態は、情報化時代でリアルタイムにて世界情勢が茶の間に反映され、互いに情報交換がいとも容易に行える世となった。こういう状況のなか、和食やアニメを中心に日本ブームが生まれ年間二千万人もの観光客が訪日するに到っている。

世界のグローバル化が進むことは、反面どの国ももはや一国だけでは存立しえない状況になってきていることでもある。江戸時代は人口二千五百万人前後で現在の五分の一程度であったけれども、食料はもとより、全ての資源はほぼ自給していた。鎖国に近い状態もこのような背景で可能であった。ところが現在の我が国では、食料自給率が四割を下回っている。家畜飼料もほとんどを輸入に依存しており、オリジナルカロリーに換算すると三割程度という。アメリカは、重工業中心に思われているが、実を言えば世界最大の食糧輸出国であり、これを外交に活かしている。しかしながら米国といえども、弱みを抱えている。ハイテク産業に不可欠なレアメタルは中国に大巾依存せざるを得ない。因に米国の農業用水は、地下水に依存する比率が大きいけれども、水位低下が深刻となってきている。

中国では故、鄧小平が「中国は、食糧自給可能で石油・石炭・希土（レアメタル）豊富ゆえ、大国となれる」と説いた。しかしながら現在は、食糧・石油さらに天然ガスの大量輸入国に転じている。なお英仏独は、食糧はほぼ自給可能である。ロシアは、食糧輸出国に転じた。

文化面では、マスコミの発達で少数言語が急速に喪失している。英語は、世界共通語になりつつあるのは止むを得ないと思われるが、方言も含めた少数言語については、保護していくべきとの見解が強い。スイスでは、州ごとに独仏伊そして、ロマンシュ語と公用語が制定されている。ロマンシュ語は、古代ローマ帝国の名残を残す言語という。

宗教の世界でもグローバル化の問題がある。近代国家であれば、いずれの国も信仰の自由が保障されているのが一般的である。たとえ少数派であっても、その信仰は最大限に尊重されるべきである。しかし現実は、宗教の世界でも寡占が進みつつあるように思える。日本でも新宗教が爆発的に伸長していた時期があったけれども、教祖の死とともに消滅、または縮小を辿った宗派が少なくない。そういう中にあり、生き残っている宗派には海外宣教で数を伸ばしている派がある。国内最大の新宗教である創価学会は、海外信徒数でも我が国最大の宗教である。国内では同信徒を母体とする公明党は、国・地方共キャスティングボートを把握していることが多いけれども、それを通じて「与党の暴走を押さえることにある」という。他宗派に排他的と言われてきたが、傍系機関誌などを見る限り、敵対的でない限りクリスチャンにも執筆を依頼しているケースがみられる。

世界的にみると、三大宗教の勢力が引続き伸長しているが、宗教内の宗派対立が戦闘行為にまで及んでいる。特に強烈な一神教に顕著である。憂慮されるのは、より少数派と呼ばれる人々を圧迫して、撲滅を計るとまで宣言していることである。仏教は、教義からして、他宗派に対して寛容であり、宗派内での対立は、ほとんど見られないようである。

Ⅱ　地域主義の擡頭

グローバル化社会に対し、そのアンチテーゼとしてローカル化即ち地域社会への回帰現象が著しい。世界史的にみれば、二十世紀末のソ連邦解体による十五共和国の誕生、チェコスロバキアの二分離、世紀が変わった直後にスーダン分離、そして現在は英国のＥＵ離脱と続いている。スコットランド独立は少数差で否決されたが、スペインからのカタルーニャ独立は、住民投票にて可決されたが中央政府によって拒否された。クルド人は、「国無き民」として二千万人以上の民族でありながら、欧州の思惑によって独立国を保持していない。第一次大戦後、民族自立が掲げられていたが、旧トルコ領が民族分断の形で国境線が定められたからである。クルド人は、最近独立宣言したが、イラク政府に封印された。シリアでは住民地区が独立阻止のため、トルコに占領された。

米国では大統領選挙において、総得票数で三百万票下回っていたにも拘らず各州にて一票でも多いと州の全ての票と見做し、その州の人口数に比例した票を獲得する制度下、大州を制したトランプ氏が当選した。州権を最優先する立場である。

かつて故スターリンは、共産党による強力な中央集権的一党独裁体制を築いた。しかし彼は、当時ソ連邦で人口一％のジョージア（旧グルジア）民族出身ということもあり、連邦構成共和国にソ連邦からの離脱権を保障していた。その際それぞれの共和国は、必ず外国と国境を接しなければならないと決定した。「何故なら離脱した場合、国内に完全独立国が発生するのを防止のため」と言明した。現在世界で周囲を完全に一国で囲まれた国は、南アフリカ共和国に囲まれたレソト、そしてイタリアに囲まれたサンマリノ、バチカン市国のみであ

スターリン（1879～1953） 1941年ドイツの猛攻に対し国民に一致団結を鼓舞するスターリン。大祖国戦争勝利に導いた。

彼を「奇蹟のグルジア人」として見いだした師匠レーニンが鋼鉄の人の意味で名付け、スターリンと呼ばれたが、本名ヨセフ・ジュガシュビリで名は熱心なクリスチャンの父親が命名した。彼は数多くの政敵を粛正したが、和田春樹東京大学名誉教授によれば「ソ連で人口１％のグルジア（ジョージア）人が大多数派のロシア人に暗殺されずにすんだ」と感嘆をしている。プーチンはクリミア半島をロシアに併合後に歴史的都市ヤルタにスターリンの銅像を建立した。ヤルタ会談でスターリンは米国ルーズベルト大統領に対日戦に参加する見返りとして南樺太（サハリン）、南・北千島の領有を認めさせた。ドイツからはカリーニングラードを飛び地として同様とした。

る。

日本の地方自治は、首長選出では憲法明記の公選制「ミニ大統領」である。首相選出とは異なる。ポピュリズム（大衆迎合主義）に流されず、地方のカラーを発揮していくと同時にバブル期に築かれた道路橋梁などのインフラのリニューアルに全力を注いでもらいたい。

Ⅲ　グローバル化と地域主義の葛藤を解決する棲み分け的弁証法

グローバル化の波に飲み込まれそうになっている地域の反撃が始まったと言えようが、両者は如何にしてバランスをとっていくべきであろうか。その細やかな解決の一助になればと人類の歴史に始まり、弁証法、棲み分け論とその前提となるべき理論の概説をしてきたが、ここに世の中の諸現象をそれらに当て嵌めて考察してみたい。

文字のみ詰まった説明では解りにくいので、筆者なりに図式化や一覧表といった様式を取り入れ工夫してみた。

いうなれば、人類も行き着くところまで到達したか、それに近づいているように思える。

ここらで、一旦立ち止まって考えてみる必要があるのではなかろうか。それを考慮していただくのに以下、より具体例を提示して拙試論を展開するのをお許し願いたい。現状分析が杞憂に終われば幸いですが、技術が超巨大化した現代において、一旦大事故が発生すれば、取り返しのつかない惨事となる。チェルノブイリや福島原子力発電所事故はその前兆と考えられようし、何よりも恐いのは、地球温暖化現象による氷山氷河の急速な溶解による海水面の上昇であろう。我々は、次世代に対して責任を負う必要がある。拙著が、これらに対する細やかな分析と対策の一助になればと思う次第です。

第四章　具体的事例にみる棲み分け的弁証法

①一神教の世界・・・二元論を乗り越え精神統一で悟りの世界へ

宗教とは人が高等な知能を身につけ、生活していくなか、それに伴い自然に発生してきたものである。それを実証するものとして、遺蹟には必ずといってよいほど祭礼儀式の痕跡が残存し、現在原始的と思われる生活をしている種族であっても宗教が存在する。宗教は他の文化と共に次第に学問的に高度な説に体系づけられてきた。その過程において、中近東に発生した宗教は、厳しい乾燥・砂漠気候を反映して強力な一神教となった。それらに対し、東南アジア起源のそれは多神教である。中近東の一神教は欧州へ伝播するにつれ、土着宗教の風習を一部取り入れ（例えばXマス&ハローウィン）全世界に広がった。中国では、天命という概念そして占い・八卦が中心であったが、やがて仏教が流入してきた。これにより、それに刺激され元々祭祀的又は倫理的規範であったものが、道教や儒教として体系づけられてきた。但し中国には、仏教伝来以前に倫理道徳を中心に編纂された学問大系がある。それらは、中国の元号を決定する根拠となっていたし、現代日本の元号に影響を与えている。

さて宗教で中近東にルーツを持つ一神教は、神と悪魔（サタン）の対決という二元論から構成されている。これはユダヤ・基督・回教に多大な影響を与えたゾロアスター（拝火）教の影響を強く受けた。同教は、ペルシャ（現イラン）が六四二年イスラムのサラセン帝国に

①一神教の世界
・・・二元論を乗り越え精神統一で悟りの世界へ

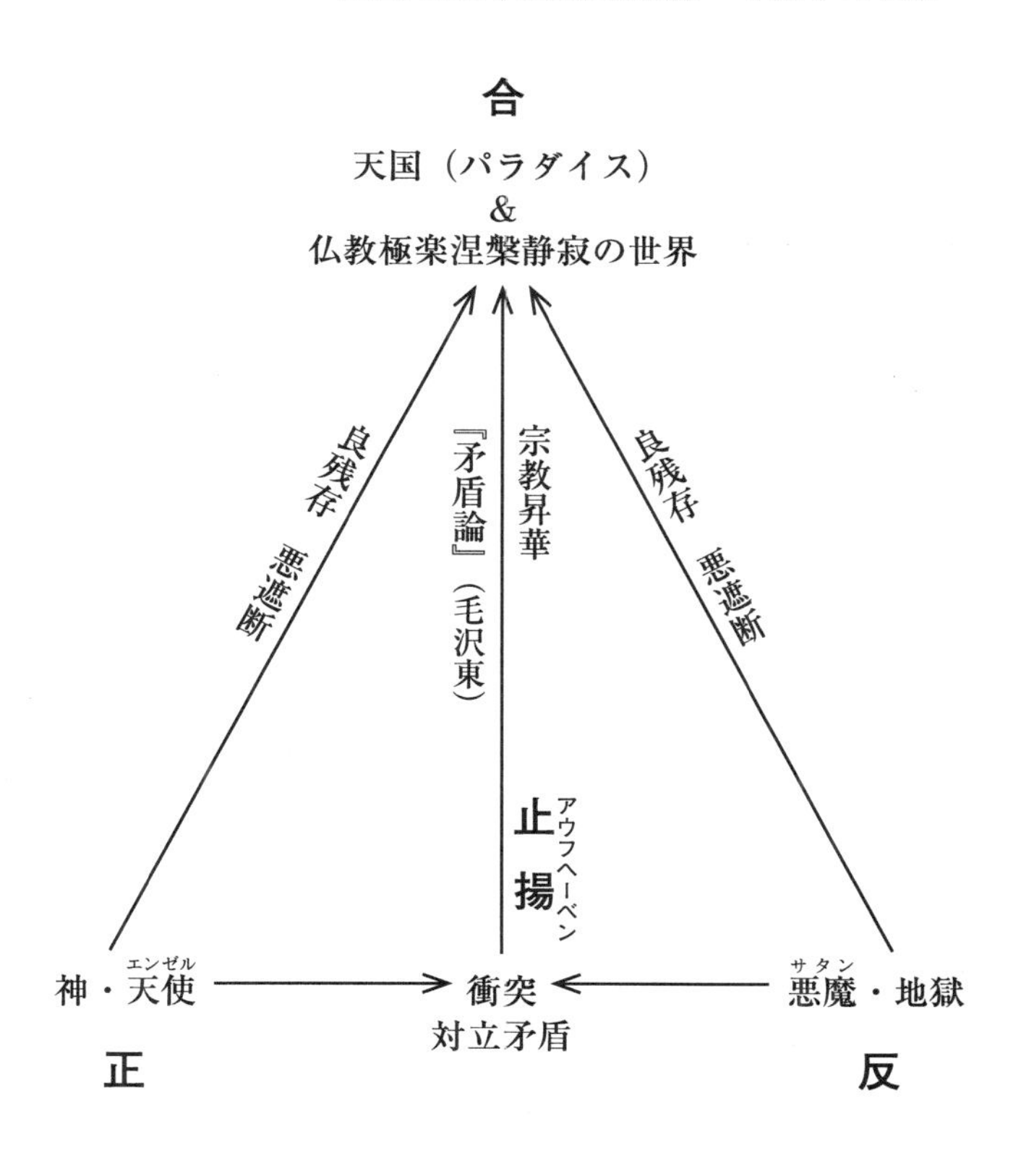

滅ぼされるまでペルシャの国教であった。現代、イスラム一色に近づいたイランでも少数派として国会議員に一定枠の定員が割当てられている。なお一部教徒はインドに逃れ、同国でのタタ財閥の起源となった。

聖書によれば、神と悪魔は完全に対立するようであるが、元は一つであったという。それがやがて決別して互いに憎しみあうようになったと記述してある。米国の「スーパーマン」「スパイダーマン」日本の「仮面ライダー」など観ていると頷けよう。教え子から「どうして元は一つであった者同志が戦うの？」と聞かれたことがあった。近親憎悪・内輪揉め・縄張りといった言葉は昔からよく聞く。それが現在でも国際政治において残念ながら同一宗教でありながら宗派が異なることで、ドンパチを繰返し、世界を不安に陥入れている面がある。

完全無欠で超潔癖なものは、一般に良くないという。百％でないといけないものもあるが、普通は触媒のように多少異質物の存在で物事がかえってスムースに運ぶものである。時代や地域でそれは異なるが、それは必要と思われる。現代は、デジタル万能社会であるけれども、もっとアナログ思考が必要であろう。

東洋の宗教は、多神教で強烈絶対的な神を排し温和な教義に導かれた。これは、湿潤多雨の気候で米作を基にして発生してきたことと無関係ではなかろう。農繁期には「猫の手も借りたい」と言われてきたように、その忙しさは半端ではなかった。稲には、水が大量に必要であった。このような状況から集団・家父長的な倫理観が芽生え宗教の基盤となっていったと思われる。肉食系、草食系という言葉が用いられる。従来は、他動物に対して使用されていたが、人の世界でも比喩的に使用されることが多くなっている。肉食系といえば恐もて、逆に草食系は優しい穏やかな人間を連想させる。これらは、相対立するようであるけれども、根源的には程度の差こそあれ一致するところが少なくない。モンゴルは、遊牧地でアジアでは数少ない肉食系でユーラシア大陸に跨がる大帝国を樹立した。そのモンゴルもチベット仏教の伝来や穀物地帯との交易の増大と共に穏やかな民族に変身していった。しかし中国やロシアに飲み込まれることなく自立性はしっかりと保持している。柔よく剛を制すると言われるが、植物は強固な岩盤を貫き、芽を出してくる。世の中もこれと類似した現象が少なくない。狼といった強力な肉食動物も草食動物がいなくなると滅亡する。一見、弱々しいと見られる草食動物が生き残っていく。

政経・宗教・倫理道徳観においても、このような現象が見られると思う。しかしながら、一神教・欧米の思考が近代社会をリードしてきた面が強く、それを否定して現代はなり立たない。それらを他分野の弁証法を含め、じっくりと見ていきたい。

②実存と空・無・虚・・・後者群で前者が生じ宗教、哲学、数学発展

相対立する同士が衝突することにより、互いに刺激を受け発展に転じていくのが弁証法の理論である。現代史の例で言えば、毛沢東は「日本軍閥が我が国の共産党政権誕生を手助けをした」と言明した。我が国は、第二次世界大戦により、私の父を含め三百十万人が命を落としたけれど、中国はその十倍はいたと推定されている。にも拘らず彼がそのように言明した背景には、我が国が日本に留学し親日派と見做されていた国民党の蒋介石と常に敵対し、国共内戦で、結果的に共産主義政権樹立を手助けした歴史的背景があったことに他ならない。

さて、実存という言葉は理解し易いがそれに相対する空無虚の言葉は類似しているが、その相違は解りにくい。その語源解説は、辞典等に委ねるとして、実際に使用されている例で相違点を探れば次のようになろう。空は、仏教用語として頻繁に使用されている。例えば般若心経では、短い教典の中に数多く使用されている。一般用語としては、空気・真空・空虚などと言われている。これに対して無とは、古代中国哲学にて多用されており、老荘思想でよく出てくる。用語として、無心・無視・無気力などと使われる。虚は、数学の世界で重要な役割を果たしている。用語として虚数・虚無・謙虚などと使われる。漢字熟語では、類似語を重ねて使用することが多い。しかしながら別々の漢字でなっているのは、それぞれに

②実存と空・無・虚
・・・後者群で前者が生じ宗教、哲学、数学発展

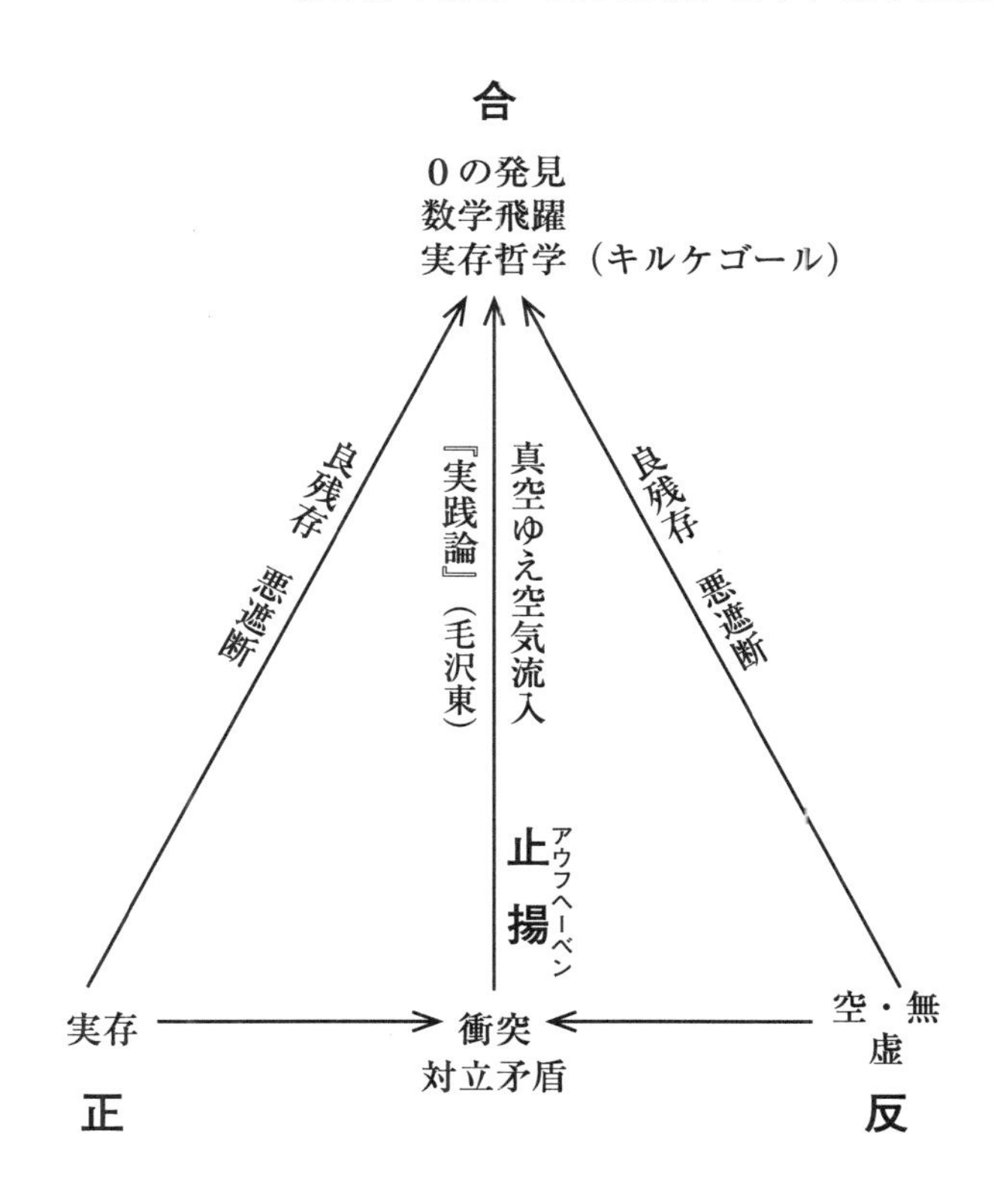

ニュアンスの相違があるからであろう。それを中印の相違に焦点を当てて考慮すると、中国人は、実利的民族と言われている。それ故、数学でも一以上の概念しか発達しなかった。宗教の世界では、天という概念はあったが、絶対的な抽象的概念としての神の存在までには到らなかった。これに対してインド人は、抽象的思考を好み絶対神とは対照的であるが、神秘的な多神教を生み出した。そして注目すべきは、空の概念から0そしてそれを基にマイナス更に虚数に連なる数学の大躍進を導くこととなった。唯数字については、アラビア数字を中心に一部ギリシャ文字を導入した。実存に対し、何故に空無虚らが大切かと言えば、真空状況に空気がなだれ込むように、無心状況になって新事象が一気に入ってくるからである。虚とは、それらが極限になった状況を指すのではあるまいか。

宗教の世界では、心が全て無心となり空虚な気持ちになってこそ救いがやって来ると説いている。一神教では、全てを神に委ねきった時に救いがやって来ると説く。私心邪心を完全に捨て去った時に、自然と物事が好転してくると言う。世の中「これでもか、これでもか」と焦っている間はなかなか物事が好転することは少ない。心を無にした時、実利的要素が訪れる。とは言っても、悪魔（サターン）は常に巧妙な手段でその時に潜り込もうとしている。「好事、魔多し」と言う。かくして世の中、善魔の狭間で葛藤していくこととなる。

③男女の仲・・・生命を産み出す根源で神秘化

男女の仲、これは小説・歴史・詩歌の題材に古今東西を問わず広く取入られてきた。その理由は、子孫繁栄存続という種の永続性に連なる重要なファクターに関るものだからであろう。我が国初期の歴史書『古事記』『日本書紀』の冒頭に男女の性の営み記事が出てくる。『聖書』にしてもしかりである。学説によれば、人類は永らく母系社会であったという。その理由は、子供を産み出すという神秘性にあった。やがてそれは、性の営みそのものにも向けられるようになった。母の象形文字は、女の文字の中に乳首が入った形である。ところが男子にもそれの痕跡が残存している。男女の身体は、生殖器を含め途中まで同一であるが性の分化が明確になるにつれ、分かれてくる。けれども、お互いに痕跡を留めている。

文明の発達によって、腕力や行動力に優れている男性が優位に立つ状況へと変化して、女性は「子供を産む道具」扱いをされる事態をもたらした。しかしながら、現代社会は次第に女性の権利向上に向けて葛藤が続いている社会と言えるであろう。「男女共同参画社会」の方向は、正しいであろう。だがそれに潜む問題点は十分に注意喚起していく必要性がある。例えば、女性の晩婚化に伴う卵子劣化による出生率低下である。「思春期に卵巣に五十万個ほどあった原子卵胞の数は、二五歳で二五万個に、三五歳を過ぎると二万個に激減、五十歳

③男女の仲・・・生命を産み出す根源で神秘化

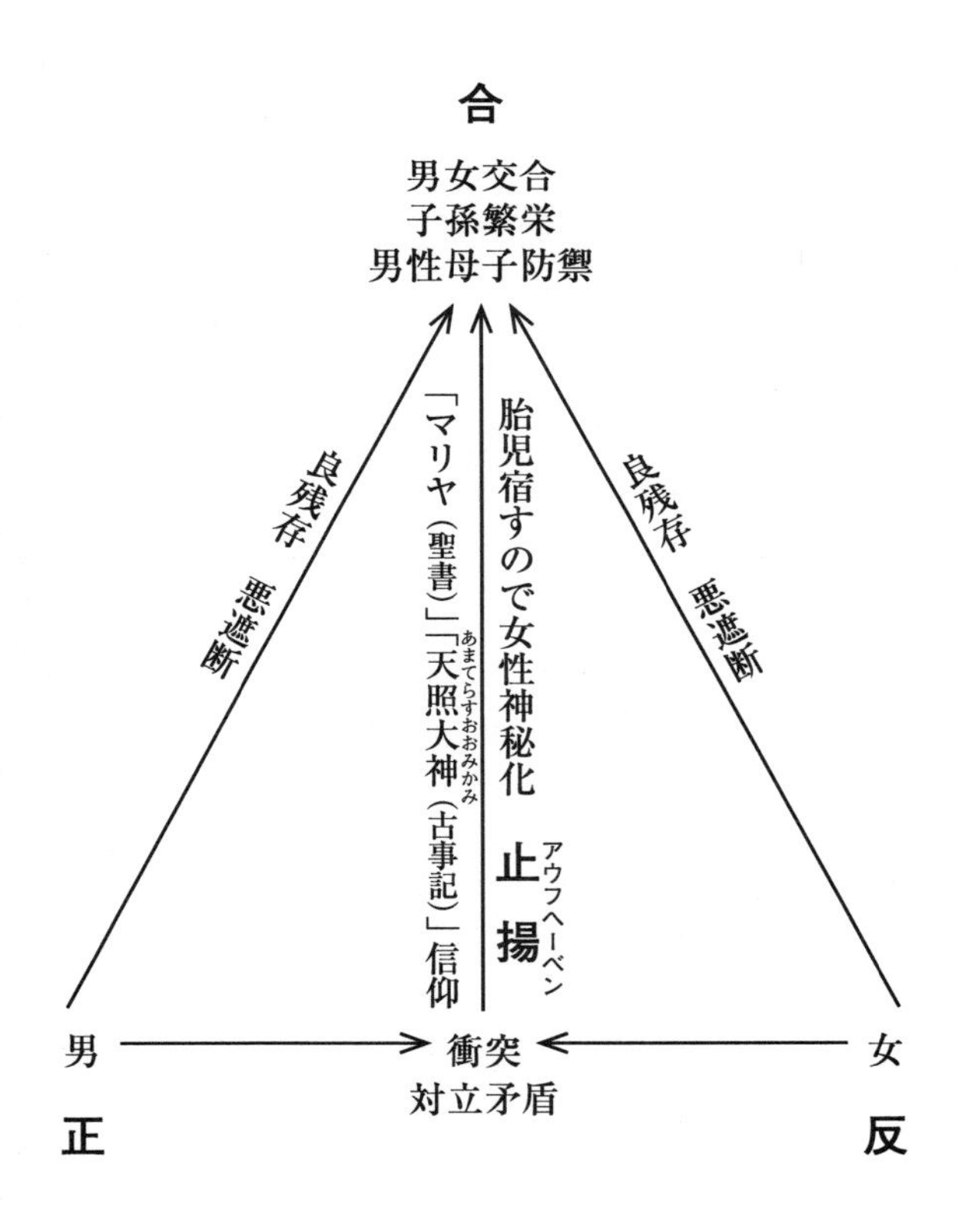

で千個以下になり……自然妊娠率は二五歳が三十%なのに較べ四一歳では一%しかない」(高田純　札幌医科大教授著『誇りある日本文明』二〇三頁、青林堂)という。また高年齢出産になれば、障害児出産のリスクが高まると指摘されている。例えば、ダウン症発生率は、二十歳を一とすると四十歳で十六倍になる。日本が世界に誇るものに「母子手帳」があるけれども、右記の主旨を纏め厚生労働省が「女性手帳」の配布を計画したところ、「女性は子供を産む道具か」また「女性差別」等の声がマスコミから上がり、断念した。筆者が高校で地歴や公民で卵子劣化の話をすると、生徒が皆まじめに聴いてくれたのだが……。

出産と授乳は、女性にしかできない。育児休暇で男性がもっと取得するよう奨励しているが、責任の一端を担う面から言えば、そのような方向づけが必要であろう。つまり、男性で可能なことは、実行していくという現実的対応である。ギリシャ古典の喜劇に、戦争に明け暮れていた男性に対し女性がセックスストライキで対抗した話がある。これによって平和が訪れたという。こういう観点からすれば、男女が仲良くするのは、世界平和に連なるのであろう。性の解放には、両面がある。性は、解放し過ぎると出生率が低下するという。性を単なるプレイとして見做すようになるからと言われている。秘めごととして、ヴェールに覆って置いたほうが、出生率向上に連なるという。ここにも状況により、バランス感覚が問われる。キリスト聖書塾の伊藤正明師は、「排卵される一個の卵子に対し射精された二十億個の精子の内、一匹が受精して子供が誕生する」という。師は、このことを自殺防止の講義・カウンセリングに積極的に使っている。我が国は、先進国で自殺率が非常に高い。少子化時代の現代に憂慮すべき問題であろう。聖書のモーセ十戒「汝殺すなかれ」とは自殺をも含む。

東大の女子学生に卵子劣化などについて、アンケートしたところ、高田先生指摘の事実をほとんどの女子学生が知らなかったという。閉経期を迎える直前まで子作りが当たり前に可能と思っていたと答えた結果が出た。近年、高額の不妊治療を受ける人々が少なくないけれど、正しい性教育は必要なのではと痛感する。筆者がこのことに関心を抱くようになったのは、半世紀近くに及ぶ高校教師時代、少なからぬ生徒の妊娠中絶や出産という場面に遭遇したからであった。本当の意味での次代を担う生徒に科学的根拠、優性保護法に基づく教育が施こされなければ、民族の興亡に関る危機が到来しかねないとの観を強くする。

『徒然草』に雄巨象も女性の髪毛を編んだ縄で制御すると温和しくなる話、又強いローマ皇帝も夜になると、馬の如くなり、御者としての妃に操られたという。中国では、「雌鶏が鳴くと亡国の兆し」等と言われてきた。男女の問題は、小説や政治に取り入れられている永遠の大きなテーマである。

④中央政府と地方自治体・・・葛藤からバランス化へ

クルド人は、四千万人もの人口を擁しながら独立国家をもたぬ悲劇の民族と言われる。当原稿を執筆している二〇一七年十月にイラクのクルド自治区にて施行された独立の可否を問う住民投票で九割以上の賛成を得ながら、中央政府に押し潰された。クルド人がこの悲劇を迎えるようになったのは、第一次世界大戦後オスマントルコ帝国の解体により、居住地がイラク・イラン・トルコ・シリアの四ケ国に分割されたからである。因に埼玉県蕨市には、三千人のクルド人が住んでいる。

同時期にスペインのカタルーニャ自治州でも同様な状況が生じた。独自の言語・文化を持つ民族が独立不可能とは、民族自決精神からすると不可解な面が見られる。標記に関連して極端な二例を取り上げたが、この問題は、今後共あらゆる地域で続いていく大きな問題であろう。

結論を先に言えば、各地方に国全体としての統一性を極端に損なわない範囲内において、地方自治の権限を極力大きく容認していくべきであろう。日本国内の好例で言えば、北海道の夕張市があげられる。夕張市は、かつて炭鉱都市として繁栄した。その後、炭鉱の閉山に伴い「夕張メロン」の栽培で有名となったが、過疎化の波に巻き込まれ都市消滅の危機に陥

④中央政府と地方自治体・・・葛藤からバランス化へ

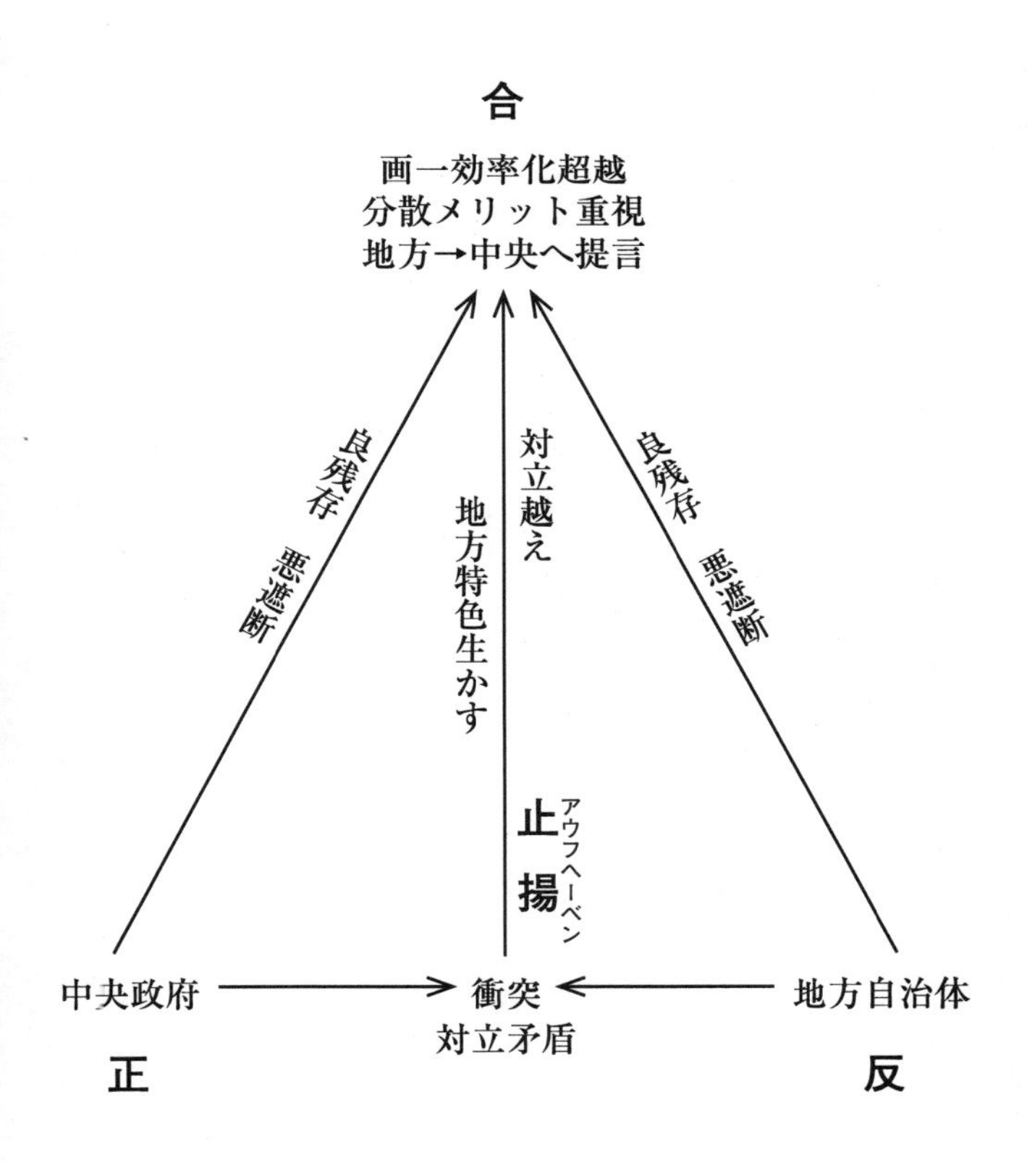

し入れられた。そこで都市の再生を計るため、地方自治のベテランを東京都庁から迎い入れ間もなく市長として当選した。その結果、見事に夕張市は甦った。赤字の垂れ流しであった市立病院を思いきって廃止した。その代わり、老人に対してレクリエーション行事を多く取入れた。その結果、老人で病いにかかる人が皆無に近くなった。社会性の涵養が必要として小中学校の小規模校統廃合を進めた。これらの結果、市の赤字財政は、一掃された。もう一例を示すと、大阪府箕面市は、より活性化を遂げている。以前出向していた総務省出身者が市長に就任したこともあってか、飛躍的進化を遂げた。すなわち人口十四万人の都市に二〇二〇年開通予定のものを含めると、南北に三本鉄道が走行し、それを東西に結ぶ連絡バスを運行している。子育て支援等に力を入れ、**「子育てしやすさ日本一」**を掲げ保育所への待機児童0、小中学校一貫校の複数設置、英語オーラル教育充実と他市に先駆けた政策を数多く実施している。因に市内の大阪大学外国語学部を新設鉄道の駅前に移転する。週刊経済誌「ダイヤモンド」や「東洋経済」は、年毎に全国住み易さのデーターを掲載している。それによれば同市は、常に上位にランクされ大阪府では首位である。人口増加率も府トップとなっている。なお大阪府は、いくつかの府下市町村に中堅職員を派遣出向させている。

世の中に意外と知られていない制度に「天上がり」がある。これは、地方の優秀職員を国府県の職員として受け入れる制度である。筆者が大阪府庁に出向していた時の上司に、衛星都市の市役所出身がいた。また当時府生え抜き警察官が警察庁へ行き、岩手県警本部長に就任した人を知っている。他、自治省（現、総務省）経由で他府県幹部職員に就任した人物もいた。民間では、子会社プロパー（生え抜き）出身で親会社の社長に昇格していく人も稀にではあるが存在する。

中央と地方との関係を具体例でみたのは、これらは究極的に対立すべきでなく、互いの長所をカバーし合っていくべきと強く思うからである。我が国では、高度経済成長時代に数多くの鉄道・道路・上下水道・高層建築物等が造られた。それが次第に耐久年数の限度に近づいてきている。これらのインフラ大改造に官民一体で取り組まねばならない時期である。このような時を迎え、地方という基盤の上に中央政府による調整企画という役割を棲み分けながら、対処していかねばならない。

平成三十年度からようやく道徳が義務教育で、成績記入教科として必修化された。第二次大戦後、価値観の混乱が生じなかなか方向性が定まらず、七十年間余り事実上放置されてきたが、ようやく「雨降って地固まる」である。その際に地方の民話が役立つと思う。例えば紀州にて稲藁を燃やし津波の害を止めた話、相模出身二宮尊徳が請われ、関東一円で営農活動に邁進した話と題材に事欠かない。近年の忌まわしい事件に接し、道徳と合わせ高等教育には、古典の漢文強化が急務と思う。ところで筆者は、きめ細かい行政を考慮すると、広域行政化に、懐疑的でした。全国町村会は反対を唱えている。しかし東京への極端な一局集中が是正されるのであれば、止むを得ないのではとの心境です。それは、少子・高齢化問題解決の観点からです。一般的に言われていることとして、中央政府は外交・国防のみに機能を集中、それ以外の行政は地方に委ねるというパターンである。ところが現代日本は、地方自治が必ずしも十分とは言えない。そのため、ありとあらゆる事柄が東京集中となっており、その弊害が増大しているのではなかろうか。文化政策・出版印刷・会社本店・企画機能など極端過ぎると思う。東京周辺部がそれらの一端を担っているけれども、都心に大災害が発生した時の対処としては不十分である。一局集中の弊害として、首都圏の人口密度過剰による土地高騰・出生率減少は言うに及ばず、マスコミの情報発進の中枢が東京に掌握されている点など、わが国の今後の近未来を考慮すると憂慮すべき現象が生じているように思える。明治維新が地方の有志によってなされたように、今後の我が国の活性化には、副都心設置を始め地方自治のより充実が不可欠と思う。中央官庁は、地方に委せきれないという不信感が強いが、思いきって発想の大転換を計らぬと今後の難局を乗りきれないという思いの昨今です。

朝日新聞（平成二十八年七月二十二日付）に中央と地方の葛藤に関する重要な記事が掲載されていた。川勝静岡県知事談として、東京は「若者を吸い込む『アリ地獄』の様相……大学進学で東京に行った若者が、就職して戻ってこない。特に女性」と嘆く。また谷本石川県知事は「若い世代が、出生率の（極端に）低い東京圏へ集中することで、少子化・人口減少につながっている」と述べている（この項『地理』平成三十年一月号百十一頁前後を参照）。

以下若干の私見を交えながら考察したい。従来は、地方は都市への人口供給源とされてきた。しかしながら現代社会はマスコミ・情報化・交通手段の急速な進展によって、農林水産省の思考等も急速に画一化の傾向を辿り、都市との差は縮小している。出生率も大都市と地方との差は縮まっている。こういう状況のもとでの地方知事の悲鳴は切実に聞こえる。『平家物語』で「都落ち」の言葉が使われるが、米国は都落ちの人々が創った。人権教育で是正していきたい。関西は、それを是正する土壌が濃厚ゆえ全国に発進していきたい。大阪や京都では、出自・学歴などに捉われず、有能な人物を伸ばしていく雰囲気に満ちているように思える。例えば、パナソニックや京セラ、日本電産という企業のルーツを顧みれば、そのことが理解可能であろう。地震・防災への備え、バブル時代の建築構造物リニューアル等、今ほど都市・地方機能の長所をいかし、その連携が必要とされる時代はない。

一般に国土広大な国は、連邦制を採用するケースが多い。ロシアの場合、ソ連邦解体後も世界一広い面積を有すること、国内に多数の非ロシア民族を抱える事情から連邦制を存続させることとなった。しかしロシア内のチェチェンを先頭に、ソ連邦時代と同様に完全独立を要求したので、プーチン大統領は危機感を抱きこれらの動きを完全に葬った。ロシア連邦がソ連邦のように解体すれば、大混乱が生じパニックに陥ると判断した。中華人民共和国が成立した際、ソ連邦に見習ってはとの声もあったが、毛沢東はこれを退け自治区の制度を採用した。画一的な中央集権制を採用する時は、如何にして各民族・地域のアイデンティティを保持していくかがキーポイントとなろう。プーチン大統領は、統一性と自主性とのバランス感覚を巧みに使い分け信望を得ているようである。

プーチン（1952～　　）平成 28（2016）年東京都千代田区経団連にて

ワラジミール・プーチンは、ソ連邦崩壊後に成立し大混乱したロシア連邦大統領に全く無名の存在から後継者として指名された。エリツィン前大統領をして「私はロシアを混乱させたまま去るが、立派な後任を選出したことは評価してほしい」と言ってバトンタッチした。

彼は秘密警察出身で、ソ連邦崩壊時に東独に駐在し、社会主義国が崩れていくのを目の当たりにし、ロシア連邦がソ連のごとく解体するのを防いだ。英・独語に堪能で柔道を愛好する。現在の任期を全うすると 24 年間事実上の第一人者として君臨することになる。ウクライナが反露化したのを利用して一気にクリミア半島を自国領として編入する荒技をやり、ロシア人のナショナリズムを高揚した。ロシア正教との融和も計ってきた。

⑤人類食用植物と雑草・・・全生物生存の基礎植物

人類の生存にとって不可欠な食糧は、あらゆる生物の中から毒にならず、身体のエネルギー源としてより有益なものが取捨選択され今日に到っている。因に毒となるものは、本来他動物と同様、区別できたが「得るものあれば、失うものあり」の原則に従って人類は多くの進化と引き換えに、その機能は退化していった。食糧は、当初採取と狩猟であったけれど、やがて野生動物の家畜化や穀物栽培の成功により、定着化が進んだ。穀物で人類にとり、最終的に主食として辿り着いたのは米と麦類であった。ところが人間で品種改良された植物栽培は雑草との闘いに苦慮した。そこで考えられたのが三圃式農業である。農耕地↓休耕地↓牧草地というサイクルで農牧地を経営した。しかしながら人口が増大してくると、これが崩れていき、次第に農・牧専用地化してきた。水田では、水を張るので連作障害が起きにくく、養分も上流から毎年流れてくる状況となった。乾燥地帯では、種類による棲み分け不適地の牧地専用化や遊牧・移牧（家畜の垂直的移動）へと変化していった。動物は、一般的に草食、肉食とに分かれるが、雑食性のものも存在し、それらは融通が利くので強靭な個体が多いといわれる。ヒト、イノシシなどがそうである。人間社会で俗語として、草食系・肉食系と言われるが、前者は穏健なハト派、後者は剛健なタカ派が多いとされる。人類の歴史で遊牧民

⑤人類食用植物と雑草・・・全生物生存の基礎植物

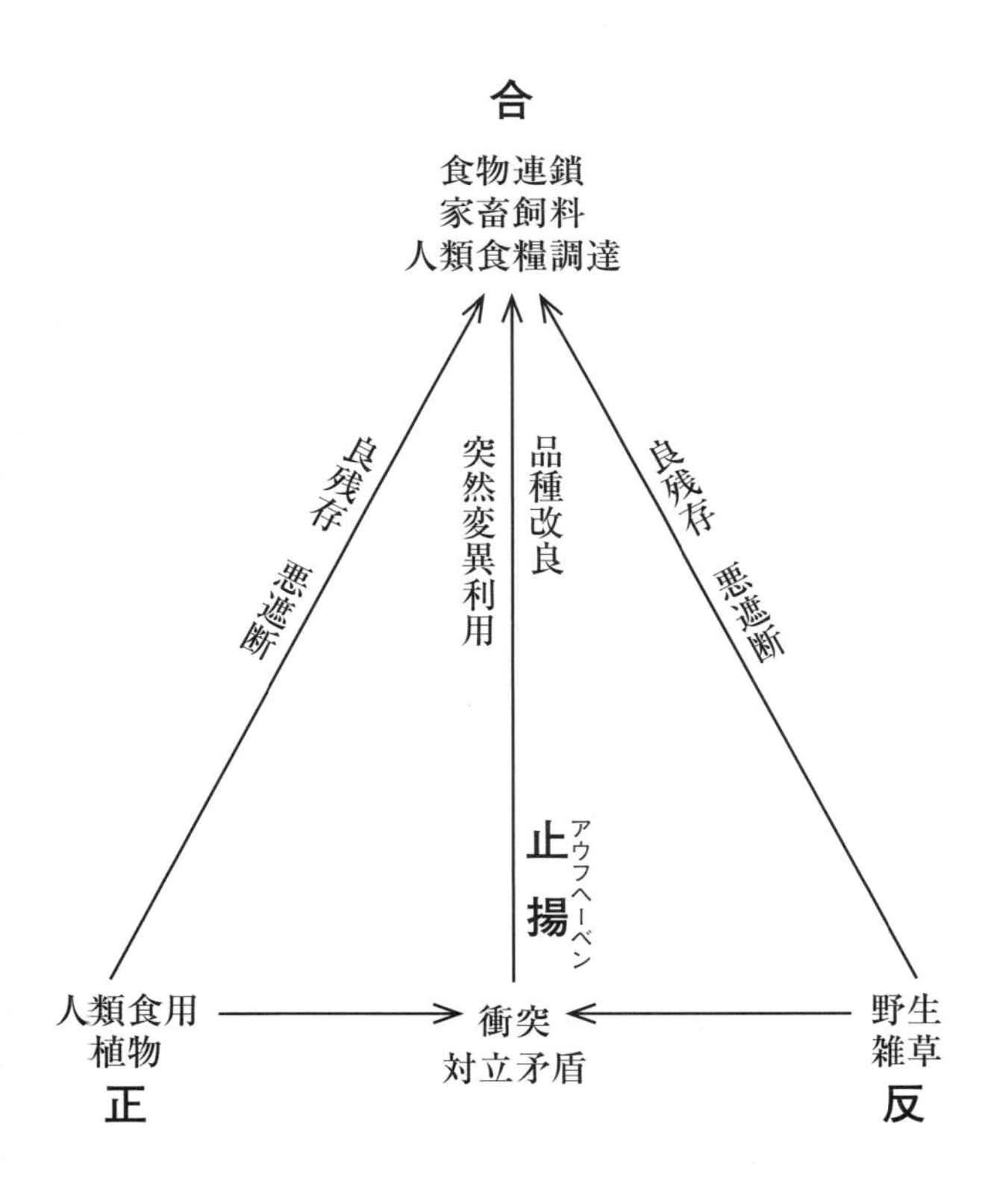

や肉食中心の民が隆盛を極めたことに結びつける学説もある。しかしながらニホンオオカミが肉食の対象とした動物の獲物が激減したのであっけなく滅亡したように、草食系や雑食系のほうが最終的に粘り強く生き永らえるという。

いずれにしても、植物が生物存命の基本にあることに変わりはない。食用植物と雑草といっても、それは人間中心の見解である。人間は、セルロース分解の機能は有しない。ところが多くの動物は、それをもっている。したがって人間にとっては、一見有害と思える雑草であっても他動物には必須の食物となることが多くある。そして人間は、それらの動物を食糧とするに到った。そこに罪の意識が芽生え宗教発生にも連なる。動物を食糧とする場合、その意識は、より強力になるのであろう。菜食主義者（ベジタリアン）の中には、罪を犯していないと主張する人々がいるけれど、他の生命体を奪って生き永らえていることに変わりはないであろう。食物連鎖と言ってしまえば、それまでかもしれないが罪を犯していることには変わりないと思う。

昭和天皇は、雑草という言葉を嫌ったが、一般的に人間にとって無益で農業に有害な植物を指すように思われる。しかしながらそれらの多くは、家畜の飼料を通して我々にも役立っているし、また毒草といわれる植物の中には漢方薬として役立つものがある。それに毒にな

昭和天皇（1901 ～ 1989）　新春を迎えた 48 歳の昭和天皇。

在位 64 年に及び伝説的天皇を除けば最高である。現在祝日で「昭和」という元号を用いている唯一の祝日名である。国会ですんなりと議決されたのは、国民の平和希求の表現であった。大正天皇が病弱であり、摂政を四年勤めた分を含めると 70 年近く君臨された。初期 3 分の 1 は動乱・戦争の連続で苦労が絶えなかった。平成天皇と並び生物学者として優れた功績を残す。

お酒はお召しあがりにならなかったが、記憶力抜群で宴席では相手を和ませたという。昭和天皇については、旧憲法下ゆえなぜ日米開戦に否の判断を下さなかったのかとの論調が現代でもある。有力公家や著名学者からも、政治に意志反映すべきでないとの意見が多く、不可能に近い状況であったと思われる。

る球根で粉末化して水によく晒すと人の食用になる作物がある。曼珠沙華（彼岸花）が稲に伴って我が国に伝播し全土に普及したのは、飢饉に備えてである。魚介類でフグは、猛毒をもつので、大型肉食魚でも捕食しない。我が国では、朝鮮出兵のさい中毒死者が続出したので、明治初期まで食用厳禁であったが、肝など毒となる臓器が解明され解禁となった。現代は、高級食材であるが稀に食中毒を起こすことがあり、皇室では食するのがタブーである。

人に優れたと思われる生物が大切にされてきたが、人間に都合の良いように栽培・飼育した結果、過保護となり病虫害に弱いなど様々な弊害に見舞われることとなった。そこで遺伝子組み替えなど高度な技術が投入され始めている。しかしながら人間の手によって操作され人為的に産み出された物は危険を孕むということは、ＰＣＢやＤＤＴなどにより実証済みである。となれば確かで強いものは、原種である。米国では、食糧中心に世界中から植物の原種を掻き集め大切に保存している。人間でもあまりに文化的生活をすると、か弱くなっていく。人類の歴史でも山岳や砂漠・乾燥地、寒冷地といった一見不便と思われる地域で暮らしている人々が頑強で大国を形成した例が少なくない。畑作では、種類によって連作障害が起きるが自然界では起こり得ない現象という。高麗人参は、野性種が栽培種の数十倍以上の価格がある。甘やかされず、逞しく育ってきたからである。性能にも格段の差がある。

⑥不易と流行・・・如何にバランスを取るか

不易と流行という熟語は、古代中国から対比させながら一対として使用されてきた。現代の生活は、過去からの知恵の集積によって成り立っている。例えば世界の宗教・倫理を見渡すと、今から二千年前に遡るものが主流である。そればかりか、ルーツを辿っていけばそれらは四～五千年前に原形をもっているものがほとんどである。昔から人の意識・心は変わっていない。「今時の若い者は」という常套句は古代ギリシャ・ローマ時代から頻繁に使用されていたという。同時代に創作されたイソップ物語が現代人に共感を呼んでいる。

しかしながら現代問題となっているのは、科学技術の発達についていけず、本来は、文理一体であった現象が理の方ばかりが先行し、そのために人類そのものが滅亡の危機に追い込まれているといわれている。換言すれば流行に追いまくられ、人類が不易として尊重してきたリサイクルが疎かにされ、自らの生存を縮めつつあるという現実である。一般的に物質にはリサイクルが当然付き纏っており、そのサイクルが早い遅いの相違はあれ、終局的には自然の営みでスムースに行われていた。ところが原子力などはそれがスムースに行われる技術が確立されずに、利便性のみが先行され見切り発車で開発され、廃棄物処理の困難に直面している。原子力も当初は、リサイクルを目指し一部はプルトニュウムを燃料として利用して

⑥不易と流行・・・如何にバランスを取るか

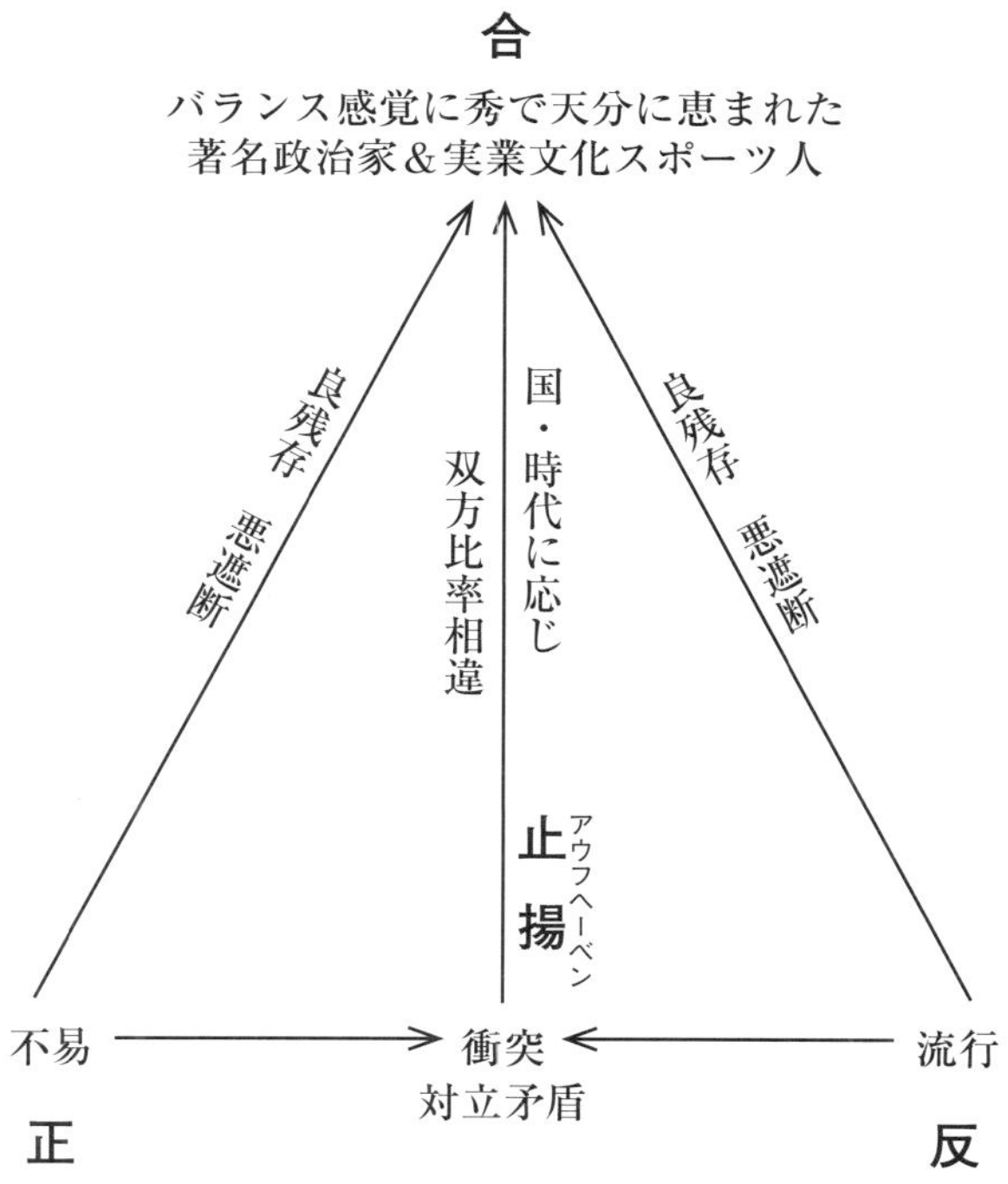

合

バランス感覚に秀で天分に恵まれた
著名政治家＆実業文化スポーツ人

良残存　悪遮断

国・時代に応じ　双方比率相違

良残存　悪遮断

止揚（アウフヘーベン）

不易　→　衝突　←　流行

対立矛盾

正　　**反**

いるが、高放射能を帯びた廃棄物をリサイクルする技術は確立されておらず、無毒化するのに十万年かかるという。現代社会は、原子力に限らず新製品の開発のみが先行している傾向が多々見受けられる。スマートフォンの普及により読書量が乏しくなり、一挙に大多数の殺人を犯す犯罪も誘発している。アナログからデジタルの進化に伴い、人々の思考が短絡化している。0か1で物事を思考し、中間や妥協を考慮しない。プラスチックのゴミは、地球を蝕ばんでいる。

地下資源は、先祖が残してくれた貴重な財産である。これは乱費することなく、大切に使用すべきは言うまでもない。ところが現状を顧みると、どうみても未来を考えず、ただひたすら高度経済を目指して驀進中としか思えない。資源エネルギー庁平成二十年調査によれば、世界エネルギー資源の可採年数は、石油四二年、天然ガス六十年、石炭百二二年、ウラン百年という。米国のシェールオイルのように技術進歩によりそれが多少伸長することがあるとしても、残り一世紀余りと推測される。ハイテク産業に不可欠なレアメタルは、中国に九十%偏在しているが、現在のようなハイペースで採掘輸出していくと遠からず枯渇すると予想される。食糧は米国では地下水に大きく依存しているが急速に減少しつつあると伝えられる。現代の世界状況はどうみても流行の比重が勢いつき過ぎている。もっと不易の部分に力を入れて行くべきであろう。

⑦文字表記・・・表意（象形）・表音文字の葛藤と記号化

文字は声で発生したことを記録として残存したいと絵に表現することで始まった。一般には、フェニキア文字に始まるとされるが、それとは無関係に黄河上流に甲骨文字が発生したと言われている。いずれにせよ表意（象形）文字に起源があるとされる。しかしながら、その後西の方は表音文字化、東は表意文字に発展していった。米大陸では天文・土木技術が発達し、表音文字が生じたが、それは紐の結び方によって表現されるなど簡便な文字に留まった。王による専制政治であったこともあり、その後より高度でシスティマティックなアルファベットそして武器を持つスペイン人によって、王が拘束されてアッと言う間にインカ帝国は、滅亡した。現代の世界でも無文字の民族が存在するが、文字をもつことで地域の文明が飛躍的に向上していく。ロシア人は、永らく無文字であったが、ギリシャ正教の聖職者キリルによって、四世紀にキリル文字を取り入れてから急速に国勢が飛躍した。

かつて日本の東北大医学部に留学し、帰国後著名な文学者になった魯迅は「中国から漢字を廃止しない限り、我が国の近代化は有り得ない」と言明した。しかしながら、パソコンに

⑦文字表記・・・表意（象形）・表音文字の葛藤と記号化

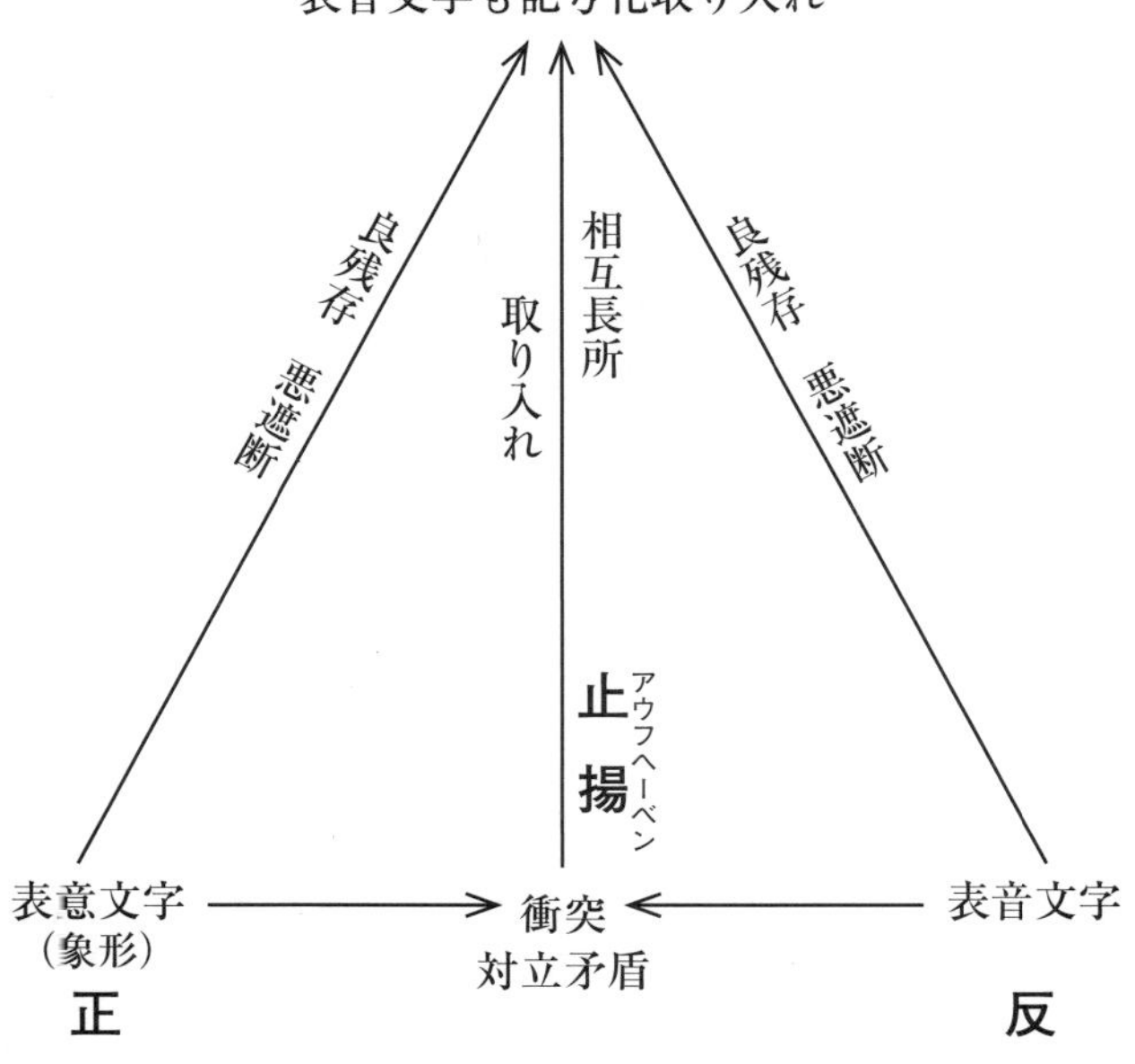

より漢字が甦ってきた。永らく表意文字は、遅れた原始的文字であり、表音文字こそが文化の発展を齎らしたと叫ばれてきた。近代文明が表音文字使用の欧米諸国によって促されてきたのでそう言われてきた面は、否定できない事実であろう。ローマ字は、大・小文字を組合せながら文章としてまた化学式として、数字では、アラビア文字から発達した算用数字とギリシャ文字とを併用して飛躍的に発展を遂げた。我が国でも、西洋タイプライターは手軽に全て熟せるのに、和文タイプは、膨大で効率が悪いと半世紀前まで言われてきた。ところが最近ではパソコンの発達でそれが一掃され、せいぜい漢字等変換作業が加わるだけになった。

人間の脳は、右・左脳によってそれぞれが芸術・理知的なものを司どっている。一般的に文字を察知する際、表音文字使用者は左脳に依存している。ところが中国・日本人は、絵文字の要素を根強く残す表意文字を使用するので右脳を活用している。この結果両国人は、左脳が損傷しても、文字の解読にあまり支障はきたさない。コンピュータ発達により、漢字変換やルビ打ちがスムースに運用可能になったが、他にも絵文字の要素がパソコン、スマホで多用されるようになった。また、それらに付随して街の看板、企業のロゴマークなどデザイン部門などに多く使われるようになった。これらは、広義的には表意文字の復権といえよう。ものごとを記録に残すという作業によって文化・文明が飛躍的に進化した。これは、同時に被書体や印刷術の進歩を伴った。便箋やノートに線が記入されているのは、竹・木簡の名残という。世界的には、エジプトの植物パピルスがペーパーの語源になった。

⑧生物の水から陸・空への進出・・・陸→海へ逆流も

生物は、海湖沼河川から陸へ上がっていったというのが定説である。陸の方が水圧等に拘束されることも少なく、活動し易く獲物の捕獲にも好都合であったと思われる。陸上に上がったもののうち、あるものは手が羽に進化して空を自由に飛びかう鳥に進化した。生物のなかには、元いた場所の名残を痕跡として留めている生物がいる。両棲類が、その典型的な例である。蛙がその代表であるが、他に山椒魚や井守などもそうである。カエルの子は、オタマジャクシであるが、そのまま水の中にいたのでは、捕食される割合が多いからであろう。一旦陸上に上がったが、海湖川に逆戻りした動物もいる。鯨がその代表格で、イルカ、シャチなどである。海中哺乳動物として存在している。また鳥のなかには、羽がありながら飛べない種類がいる。駝鳥をはじめ、キーウィ、沖縄のヤンバルクイナなどである。これらの鳥は、飛ぶ必要性がなくなったので、飛ぶ筋肉が退化していったのである。これらは、既述の進化論者ラマルクの用不要説の理論根拠となった。

⑧生物の水から陸・空への進出・・・陸→海へ逆流も

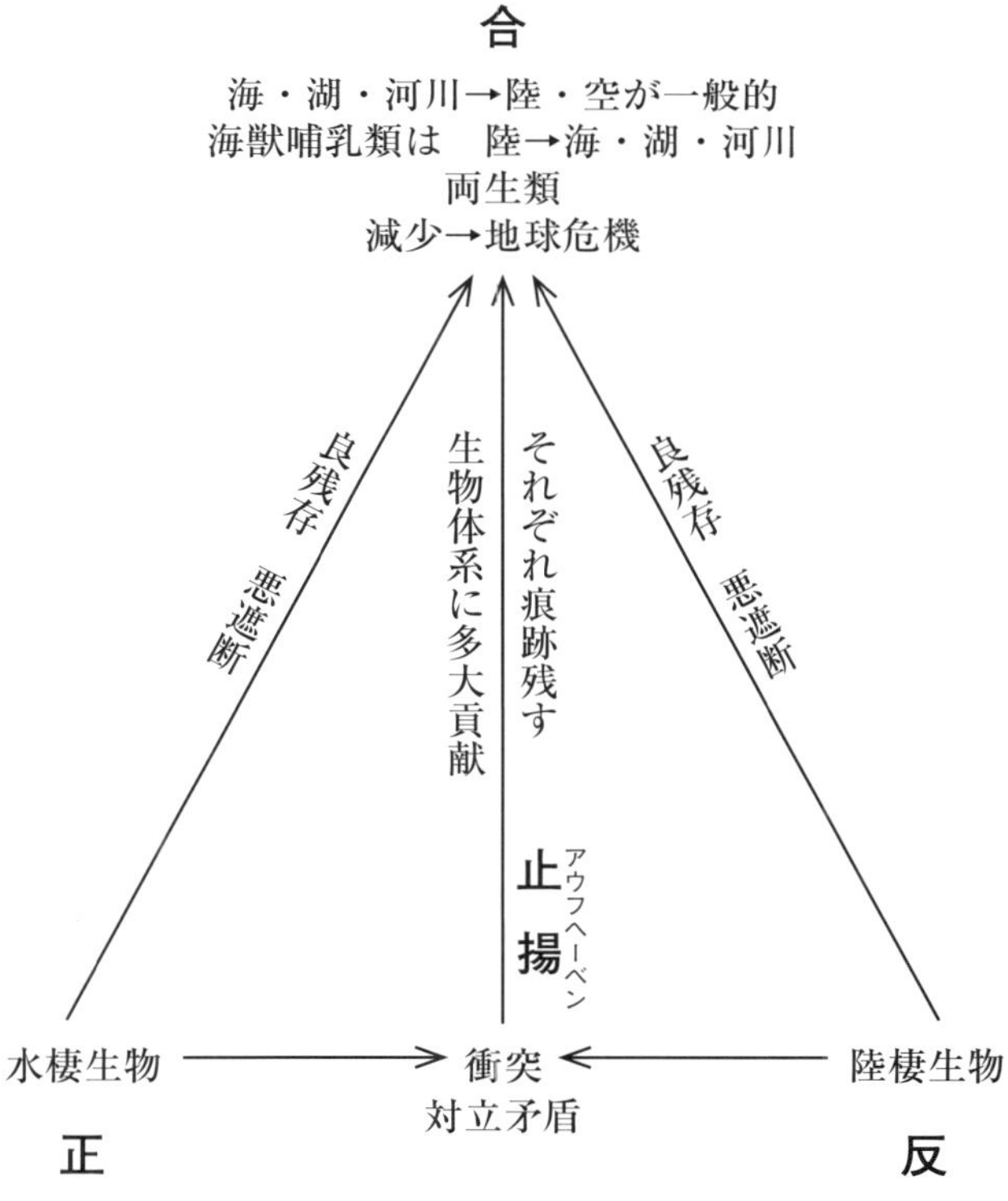

なお両棲類には分類されないが、トンボ、ホタル、カゲロウなどの昆虫は、一生の大部分を水中で過ごし子孫を残す前に陸上を飛び交い生活する。海亀は、産卵は陸上にて行う。逆に陸蟹の中には、産卵のみ海で行うものがいる。

両棲類に関する件を取り上げたのは、近年地球で両棲類が激減しているからである。単に水田が減少したという理由に留まらず、地球の乾燥化が最大の原因であるという。そうであれば、これは本当に由々しき問題である。

以前、拙宅付近の地域において水田のカエルの鳴声が喧しいと抗議の声が起こって、大問題になった件が発生した。結局、農家の方がその声に抗しきれず、水田を埋め立ててしまった。なんとも遣る瀬ない思いの体験をした。標題と直接関係ないが、かつて瀬戸内海はリン等の有機物質が流れ込み赤潮が発生して、水産物に壊滅的な打撃を与えていた。ところが現在は、流入河川からの水が浄化され過ぎ、植物・動物性プランクトンが激減して漁獲・海苔が激減している。このため各市町村は、下水道の完全浄化の手を緩めている。「水清ければ魚棲まず」と言われてきたが、深刻なのは完全水になると植物プランクトンの有性生殖が止まり、クローンばかりになってしまうことだという。遺伝子が同一ゆえ、何か事が起きると全滅する。水銀・石綿といった危険なものは、除去すべきであろうが、何事もアンチに通ずるものを完全除去すべきではない。両棲類の減少は食い止めなければならない。自然の摂理によってそうなるなら止むを得ないが、人為的な事柄で地球が変化を来すのは、バランスを崩し、人類の滅亡を早めるのに通じよう。

⑨多神教と一神教・・・「万教帰一」傾向もそれぞれ宗派アイデンティティを尊重

一般に宗教は、原始的な多神教から近代的一神教へと「進化」していくのが常と論じられてきている。宗教の起源は、自然への畏敬の念、逆に突然襲ってくる天災などの恐怖から逃れて、少しでも幸福な生活を送りたいとの願望等から発生してきた。当初は、原始的なシャーマニズムから出発した。やがて人々は抽象的なものから具体的な信仰物の対象を求めるようになり、地域によって様々なものが崇められるようになった。いわゆる偶像崇拝の現象である。しかしながら次第にそれらの素朴な信仰は、組織体系化されその過程で崇拝の対象も絞られ一神教の要素を帯びてくるようになってきた。特に三大世界宗教のうち、基督・回教は共にアブラハムを崇敬する兄弟宗教であり、砂漠乾燥地帯に発生したこともあり、人心統一のため強力な一神教へと成長していった。そして世界近代国家が欧米によって成し遂げられたということもあり、その二大宗教の信仰されている欧米の宗教観が進歩的で正しい

⑨多神教と一神教・・・「万教帰一」傾向も
それぞれ宗派アイデンティティを尊重

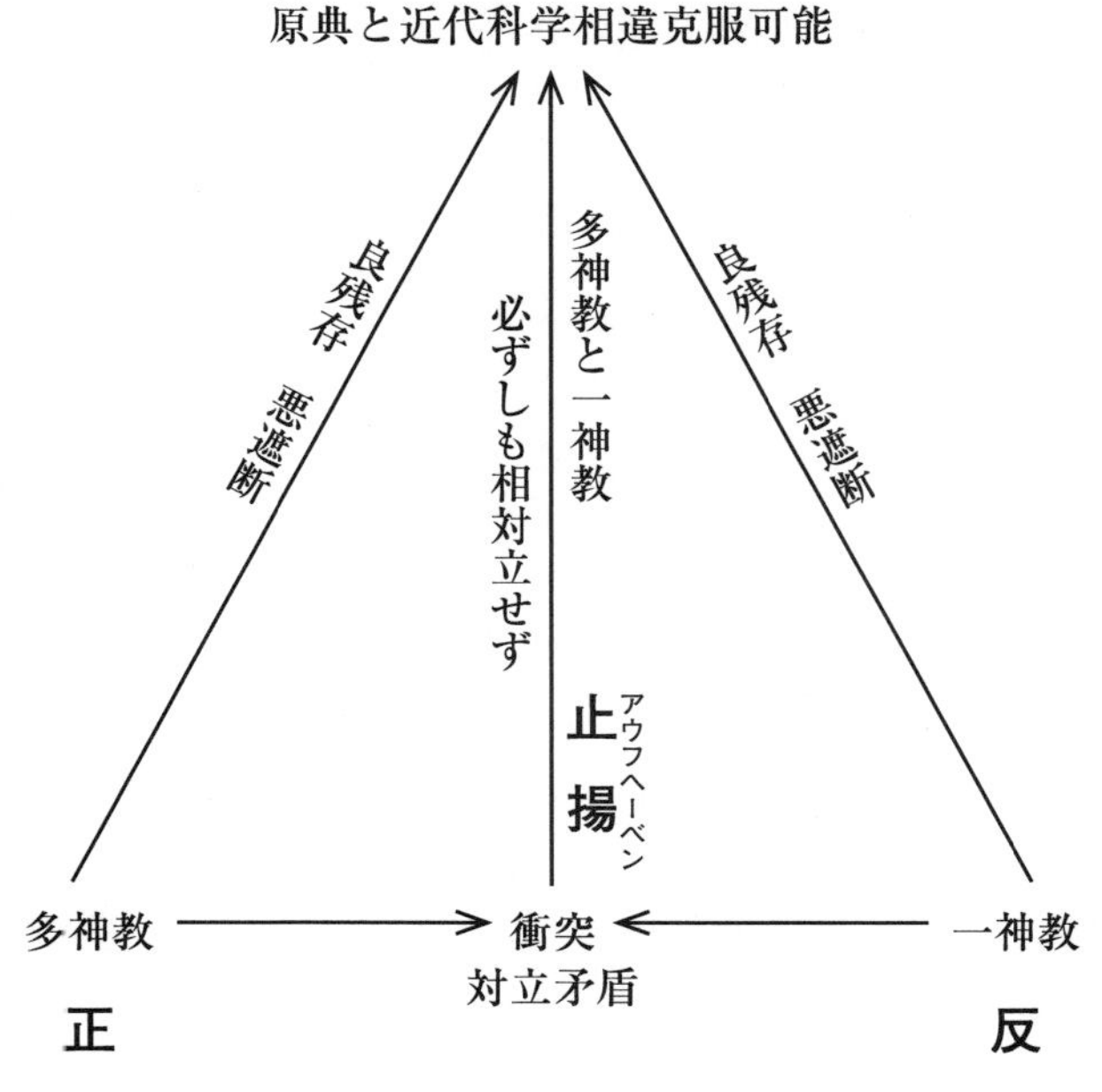

と見做されるに至っている。

アジア全体では、西南及びインドネシアを例外として全体的に印・中・日を中心に欧米とは様相を異にしている。ネパールで起こりインドから世界へ流布された仏教は、哲学的で神という概念に乏しい。同様なことは、中国にも言える。儒教は、倫理観を示し神という概念は示していない。天命ということは言っているが、キリスト・イスラム教のような神とは大きく隔たっている。道教については、若干神がかり的要素があり、おみ籤など我が国の神道にも影響を少なからず与えている。その神道であるが、八百万（やおよろず）の神として多神教の典型のように言われている。教義としては仏教に押されていると指摘され、それが故に民族宗教の域に留まっているとも言われる。しかしながら神社本庁の見解では、あえて教義的なものは作成しないという。巾広く諸見解を大らかに受け入れていく広い視野に立っていく方針という。インドは、現在ヒンズー教が多数派であるが、釈迦は十二聖人の一人として尊敬の対象となっており、多神教の世界である。元々バラモン教という古代の多神教がルーツゆえ、そのような風土が醸成されている。なお旧約聖書を経典とするユダヤ教もアブラハム崇敬です。

一神教と多神教といっても必ずしも対立的に考慮したり、優劣を競う必要はないと思う。一神教にも多神教の要素が取り入れられている。マリア信仰やサンタクロース、バレンタイン、ハローウィンなどがそれで、イスラム教でも聖地巡礼の際にカーバー神殿を回るのはそこに収められている神聖な聖石を崇めてと聴く。多神教にも天皇崇敬を表示した一神教の要素を持つ神社が多い。多神教は、多様な価値観を容認する精神につらなり、今後の世界に不可欠である。一神教は、敗者復活という側面を持つ要素は高く評価されるべきであろう。
「万教帰一」という言葉がある。文字通り、全ての宗教は結局は全て同一であるという主旨である。中世では異なる宗教宗派での争いが治まらず、為政者は苦労が続いた。ところが現代になっても、世界的にそれをめぐる争いからドンパチが絶えない。違いを強調するより、共通点を見いだしていこうといわれる。どの著名宗教をみても、教祖が自ら宇宙のトップと名乗っていない。親鸞は、仏陀の上に阿弥陀如来が、イエスは自分の上に父エホバがそしてムハンマドは「我は絶対神アッラーの忠実な弟子」と名乗っている。あくまで謙虚な姿勢に徹している。書家、石川九楊京都精華大学名誉教授は「一神教宗教に原理主義が多いのは、聖典が表音文字ゆえ、途中で教義の変更阻止するため」と語っている。表意文字の方が柔軟に対応可能という。万教帰一といっても、各宗教の好いとこ取りをするということではない。一致点は大切にしながら、各宗の特色は大切に尊重していくことである。お互い競い合い切磋琢磨していっても、結論として結果は天に委ねていったら良いと思う。我が国の神社は、長年異なる仏教徒の各派を、共通の結びつきとして仲介する重要な働きをなしてきた。各宗教団体のアイデンティティを尊重し、信仰の自由を確保していくのは憲法に保障された重要な権利である。クリスチャンは、少数派といわれるが、子福者・禁酒禁煙の人が多い。特に少子化著しい日本で、子供の数の多い姿勢は、他宗派の人々も見習うべきでなかろうか。

⑩東西思想の誕生と交流・・・弁証法の結論

世の中、全ての相対立する現象が東西思想の相違に基づくとは言わないが、その根幹を形成するのは間違いないと思われる。所変われば品変わる、と言われるが峠を越えたりして他の市町村へ入ると雰囲気が変わるのは、よく体験する。一人の女性から始まったと言われる人類は、間もなく百億人に達するが地域によって様相が一変する。グローバル化が著しいなか、言語・文字・宗教等は最後まで残るアイデンティティであろう。これらは、二大別すると東西によって根本的相違がある。それらの現象については、既述したので、なるべく繰り返さぬが新たな観点から考察したい。

一般に東洋は、静的で家父長を中心に、落着いた雰囲気のもと、輪廻にもとずく循環思想を重んじていく傾向があると言われてきた。一方西洋は、動的で民主・躍動の雰囲気が漂い

⑩東西思想の誕生と交流・・・弁証法の結論

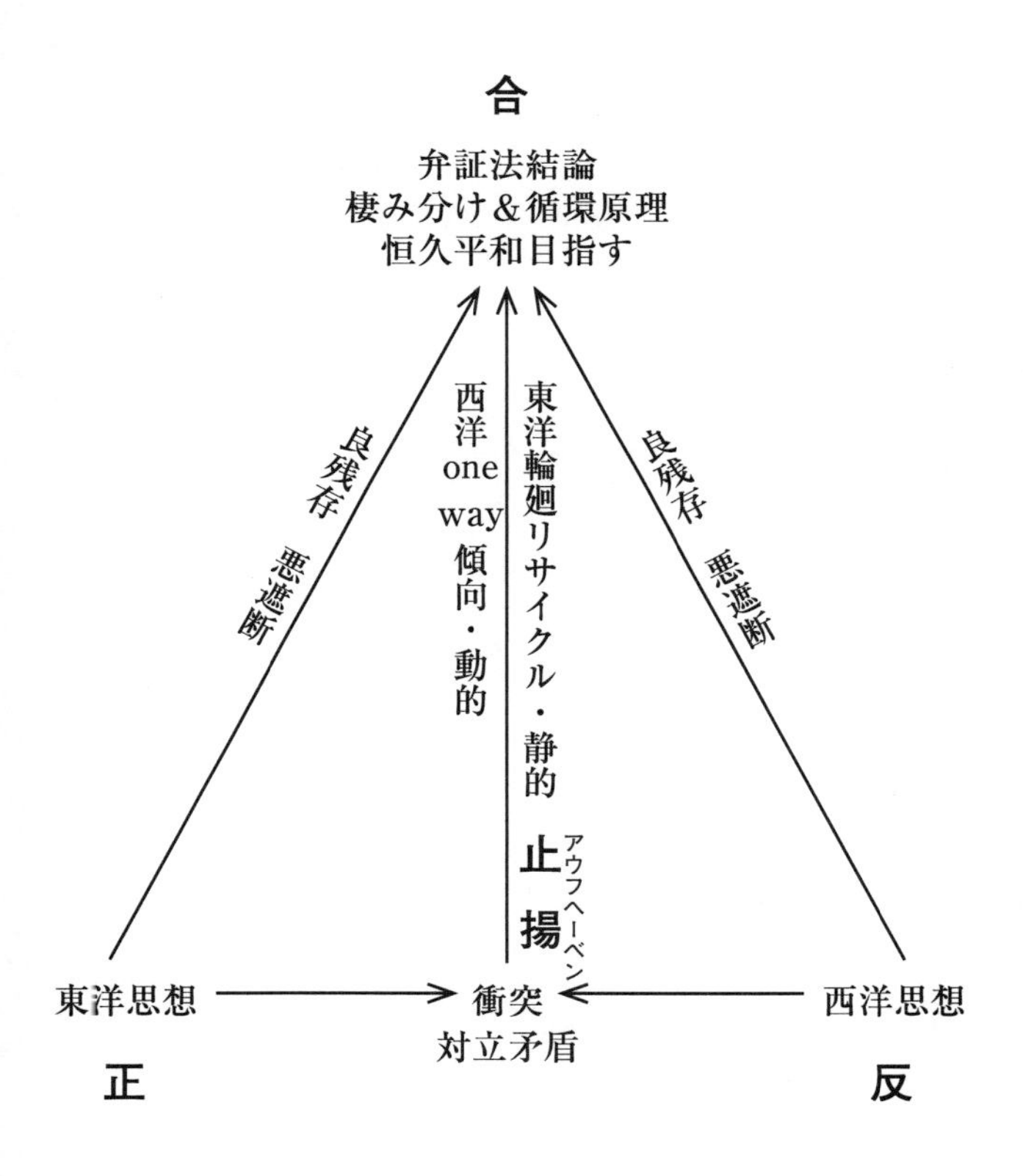

一度挫折した者でも敗者復活可能な舞台に満ち満ちているという。近代世界は、西洋中心に形成されてきたことから西洋文化の優位性が強調されることが少なからずあった。敗者復活は、基督教におけるイエスが十字架で処刑されたが、三日後に甦ったという聖句の影響を受けていると思われる。

しかしながら二十一世紀に突入した現代において、西洋の優位性に対して懐疑的になり、それを疑問視する雰囲気も醸し出されてきている。その理由は地球温暖化を筆頭に人口増、核・テロ脅威などである。これらの要因をなすものは、西洋に起因する要素が強くその解決に東洋の叡知が不可欠と思う。東洋思想は、封建的と決めつけられてきた面があるけれど、世の秩序の安定に重点を置いてきたように思える。このため地血縁、循環、無空虚、縁起、涅槃寂静といったことを強調する。ややもすると消極的ムードに陥ると指摘されることがあるけれど、この姿勢がないと今後地球の前途も危ないと評価されてきているように思う。だが西洋の根幹をなすキリスト教にも聖書に『ヨブ記』『伝道の書』のように仏典を想わせる書がある。米国ユタ州に聖地をもつ基督教の一派モルモン教は、東洋にも通じる先祖崇敬を大切にして、各戸系図を作成するのに努めている。また旧・新教以前から存在し、原始福音要素を強調するバプテスト派、更に原始福音を基調に「日本の他の諸宗教を愛し」を信条とするキリスト聖書塾がある。逆に仏教にも敵対的でない限り、関連雑誌にクリスチャンに執筆依頼しているケースもある。例えば創価学会系月刊誌「第三文明」における佐藤優氏である。また浄土真宗の悪人正機説は、キリスト教のパウロ主張に著しく似ている。宗教に限ってみた場合、これらは東西の融合に関し重要な役割を果たすのではなかろうか。但し、具体例として出した諸宗教も、あくまで自身の主体性を完全に確保したうえでの姿勢である。主体性を完全に放棄したうえでの歩み寄りは、かえって軽蔑されよう。

古今東西の宗教には共通すべき箇所も多いので、その部分を大切にして協調していけば、アイデンティティを保ちながら各宗教・宗派が平和共存していけるのではないだろうか。

さて、ここで生物が生きていくうえで最も根源的な農林牧水産業に目を転じたい。金銀や高級身の回り品などあっても、それらで直接に生命維持が計られるわけではない。筆者が太平洋戦争中、それらを持参し農村に食糧を交換しに多数の都市住民が殺到していた様相、脳裏に焼きついて離れない。人間も多少の飢え渇きには耐えられるが、それが長期にわたると飢餓という恐怖の現実が待っている。

食物について東西を比較すると、主食の穀物では東洋は米を主流に粟・稗・蕎の雑穀類、西洋は小麦中心で大・ライ・オート麦類に大別されよう。米作りには潅漑が付き物で、農繁期には多大な労働力を必要とする。一方麦類は、乾燥に耐え労働力も分散的である。これらは、東西の気候の相違によってもたらされた現象である。これら主食を補足するのにイモ類がある。これも東西により、甘藷・里芋そして馬鈴薯と大別される。これらの差は、社会構造の相違にも連なる事となった。家父長的雰囲気か個人民主尊重傾向かの相違である。まさに自然が社会に大きな影響を与えてきたのである。

やがて東西交流が活発になるにつれ、双方が融合する場面も見られるようになった。湿潤地帯にあって年中雨量が多い箇所は、ベトナムの如く米の数毛作そして麺類もビーフンといった米から製造するパターンが形成されたが、乾燥期のある地域では麦類が導入された。西洋では、逆に湿潤な地域、例えばイタリアのポー川周辺では米作が行われるようになった。米麦にはそれぞれ特色がある。米は、潅漑の設備や農繁期に労働力を多く必要とするが、土地当たりのカロリー収量高く、一粒当たりの籾収穫カロリーは小麦の三十倍に及ぶ。東西における主穀の相違は家畜に対する扱いにも影響を与えた。米作にはより牛馬など役獣の力を借りなければならないので、インドの如く牛を神聖視して肉を食べぬ風習が残った。逆に西洋では、麦の低カロリーを補うため獣肉を積極的に食物として取り入れた。但し犬は、牧羊犬、狩、珍味きのこトリュフ探索に不可欠ゆえ食用にしなかった。これに対し東洋では番犬中心ゆえ非常食としての役割も果たしていた。半世紀前だが、犬肉は身体が暖まり寒さ防止に役立つと言っていた韓国人の言葉を覚えている。これらとは別に海や大河・湖に多く接している箇所では魚介類から動物性蛋白質を摂取していたので獣肉を必ずしも必要としなかった。食物も澱粉質と肉類のバランスが不可欠である。寿司やハンバーガー・サンドウィッチなどは、その見本である。歴史上、蒙古と中国の境には穀物・肉交換の交易都市が栄えた。

第五章　弁証法を包み込む棲み分け論

～弁証法を基盤に世界恒久平和のため棲み分け論展開

当書の中心に当たる第四章でヘーゲルの弁証法哲学が、実生活においてどのような形で生かされているか垣間見てきた。その他に例を挙げるならば、次のような事柄もあろう。⑪暖流と寒流が出合い交わる場所に好漁場の潮目が形成　⑫益鳥虫と害鳥虫（これらは人の概念により仕分けられ、場所で立場が逆転するか地域により見解分かれるケースがある）⑬陸水と海水が合い交わる場所に汽水形成　⑭写真と絵画そしてコラージュ・抽象画　⑮アナログとデジタルそしてデジアナ　他に＋・－、陽・陰、天・地、動物・植物、有理数・無理数、そして縄文・弥生文化の衝突とそれを止揚した我が国の形成と数限りなくある。

⑫についてエピソードがある。超ワンマンであった毛沢東は、雀が穀物を食い荒らす害虫と断定し撲滅を命じた。ところが害虫が異常繁殖したので、命令を撤回せざるを得なかった。ゴキブリ類は、自然界で死骸処理または地域によっては蛋白質源として貴重な存在である。

I　弁証法を包み込む棲み分け論

纏めとして拙論で述べてきた弁証法と棲み分け論との係わり合いについて、私見を交えながら述べてみたい。世間で棲み分けという概念、我が国では比較的、一般用語として用いられるけれども、世界的に使用されることは少ない。英国は、戦前の日本並みに伯・公・子爵といった制度が残っているので、概念としては意識されているが、言葉として使用されることは乏しいようである。この点、弁証法は逆に用語として一般に使われることは少ないものの、ヘーゲル哲学のキーポイントとして全世界に広く認知されている。これに対し、今西理論の棲み分け論は、世界的に認知されることは少ないようである。

しかし大切なのは、棲み分け論という言葉自身が普及しているか否かよりも、実質的に棲み分けの状況が醸し出されているかどうか、もう一歩踏み込んで言うと、そのような状況を必要としているかどうかの問題であろう。こういう観点に立って現代社会を眺めてみると、今こそ実質的に棲み分け社会が必要とされる緊喫の課題ではなかろうか。

当書を執筆中、韓国の平昌（ピョンチャン）で冬季オリンピックが開催された。冬季の競技は、北欧に始まったものが多く、それらの国々が圧倒的な強さを誇っている。リヒテンシュタインのように人口三万人の国がメダルを獲得し、人口が必ずしも多いとはいえないノルウェーを始めスカンジナビア周辺国の健闘が目立つ。これらの状況をみるにつけ、それぞれの国の特色、即ち棲み分けに通じるアイデンティティが存在すると実感させられた。そしてこれらは、当国への畏敬の念へ高まり、そしてスポーツそのものが、平和の祭典に連なると実感した。具体例として、南北コリア半島の融和、そして日韓のわだかまりを解消していくのに役立ったように思えた。

はしがきで引用した小谷東大名誉教授の言葉を再度引用させていただくならば「人類のエゴイズムは地球上生物の絶滅の危機を予測させるところまで肥大化」と警鐘を鳴らしている。高エネルギー研究の世界的権威がおっしゃっているので説得力がある。世界情勢を眺めてみると、依然として小競り合いの戦闘状態が続いている。これを放置しておけば、やがて大きな戦闘に拡大しないという保障はない。また大麻の公認化（欧米一部国州）なども気がかりである。これらは一旦緩めると歯止めが利かなくなる恐れがある。原子力空母・潜水艦の利点は、一旦燃料補給すると何年間もそのままで済むことだという。だが途中で万が一事故に遭遇した時のリスクは計り知れない。原子力に関しての最大課題は、廃棄物処理であろう。人類はそれを解決せず、利便性にのみ目を奪われ開発に突っ走っているといえよう。

悲観的な事柄を述べたが、光明の射し込んでいる面にも注目していきたい。原発については、世界的に縮小傾向にある。運転は効率良いが、廃棄処理に膨大な費用がかかり事故が発生した際の危険性を考慮すると合理的とは言えないという。次世代におけるエネルギーは、太陽光・風・波・地下熱などの自然物そして水素エネルギーという。岐阜県御嵩町の地下数百メートルに世界一巨大な水素エネルギー研究所がある。研究成果が現実化すれば、無害で無尽蔵な「夢のエネルギー」が取得できるという。現在の最大課題は、水素を如何にして制御していくかとのことである。

棲み分け論は差別につながらないか？

弁証法と棲み分けとの関連に入る前に拙論を展開した際、指摘を受けた質問などにまず答えていきたい。

棲み分け論とは、差別論で極論すればそれを助長するのでなかろうかとの指摘であった。既述のように棲み分け論は、東洋思想に原点をもつ平和共存を目指す考え方である。東洋思想は、中・印・日に代表され、そこから波及した越南・朝鮮など広範囲に渡る。そこで宗教に焦点を絞って考慮した場合、インドが中心と考慮せざるを得ない。そのインドと言えば、カースト制に代表される差別階級差が著しい国というイメージが付き纏っている。歴史書を読むと、征服民が被征服民を統治していくため生み出されたとある。このような観点から、アジアと言えば、そのような見方が定着したようである。だが近現代から最新の世界情勢を眺めていくと、戦乱状態を勃発させている主要因は、常に欧米諸国にあるのではなかろうかと断定せざるを得ない。このような状況を分析するに、東洋では階級差という状況が未だ残存しているけれど、常に世の秩序安定を第一に考え、それを最優先している。一方、欧米及びその影響を受けた一神教の国々は、因習的なことからは解放されているようにみえるが、互いに自己の立場が絶対に正しいと主張する結果、争いが絶えないようである。

差別観の問題を振りかえると、差別でなく、区別という観点に立ち、世界で確立されつつある。基本的人権の確立を目指していけば、解決の方向を辿るのではなかろうか。そのさい大切なのは、環境問題解決の立場から人間中心でなく、多様性尊重にたってあらゆる生物は、相互依存によって成り立っている立場であろう。人間のみが突出して地球で生存していける保障はない。また近代生活に必要な資源は、世界に偏在しているので、各国の平和共存は、不可欠である。インドは、今後地球のあるべき姿を有しているように思える。一方同国と並ぶ大国の中国はどうであろうか。

中国は、第二次世界大戦後に共産主義国となった。そしてソ連邦の崩壊後も北朝鮮・ベトナム・キューバ等と並ぶ数少ない一党独裁を継続している。かつて第二次大戦前、中国は国共内戦など戦乱が絶えない国であった。それが戦後は、一転して国内は「文化大革命」時を除けば平安を保っている。これは、たとえ共産党独裁という窮屈さはあっても、平和が保たれるほうが良いという中国伝統の実利主義の考えに基づくのであろう。

　これら差・区別それに関連した中・印そして日本や世界の問題については、弁証法との係わりの問題が生じてくる。

弁証法による棲み分け論の昇華

　東西思想を宗教・哲学の立場から一文字で表現すれば、東洋は苦、西洋は罪と言えるのでなかろうか。仏教では、人が生きていく以上、四苦八苦から免れることは不可避で生老病死という四苦に加え、気の合わない人との出会いなど世は苦の連続であるという。これを解決するには、どうすれば良いかを出発点として釈迦によって説かれたのが仏教である。一方、基督教は、人の先祖アダムとイブが禁断の木の実を食べたという生得的な罪に加え、動植物の命を奪うことで、また人間生活を行ううえで人に対する憎悪・嫉妬・軽蔑・姦淫など行動として行わぬ場合でも心で罪を犯す場合が少なくない。

「平常時、人を殺せば殺人罪として裁かれるが、戦時下では敵を多く殺すと英雄となる」の言葉は、紀元前五世紀半ばに中国の墨子が唱えたが、その後、東西の思想家によって取り上げられている。東西は、風土の相違などにより思想面で異なった展開がなされてきたが、究極的には、一致するケースが少なくない。一見すると東西には埋め難い大きな溝が横たわっているように思える。しかしながら分析すると、手法の違いはあっても最終的に弁証法にて対立相違を止揚して一定方向にまとまってきて、その後は棲み分けにて平和共存を目指す状況になっているのではなかろうか。いやそうしなければ、いけないのではなかろうか。

弁証法は、世界的哲学者ヘーゲルが唱えた理論で完全に認知された学問である。ところが今西棲み分け論は、我が国以外では知られておらず論者亡き後は、母国でも非科学的として顧みられることが少なくなりつつある。良く解釈したとしても、一種のガラパゴス化である。しかしながら筆者が改めて強調したいのは、世の中たとえ少数派で表面から消え去ったように見えても、潜在的に影響力が残ればそれで良しとすべきであろう。例えば、ゾロアスター（拝火）教は現代では少数派であるが、その二元論はキリスト教やニーチェ哲学に多大な影響を与えている。米国にかつて進歩党という穏健社会主義政党があったけれど、現在は消滅した。だがその理念は、第二次大戦戦前F・ルーズベルト大統領のニューディール政策そして現代の民主党に受け継がれた。「板垣死すとも自由は死せず」の言葉があるけれど、棲み分け論もそのようであってほしいと思う。これは、筆者の持論ゆえ、くどいようであるが、両者の関連について纏めておきたい。結論を先に言えば、弁証法に取り上げるべき重要課題として東西関係の衝突と融合があるけれど、その結果として頂点に棲み分け論が成立すると考える。これは、何でも足して二で割ることではない。弁証法は、その時・地域によって合い対立する事柄で最終的にどちらの比率を重んじるかになるが、拙論では東洋思想に重きを置いた状況のもとでの棲み分け論にならざるを得ないと確信する。現代から近未来にかけ、展望すればそのような展開にならざるを得ないのではないだろうか。

東西思想の対立と融合に関しては、西田幾多郎・鈴木大拙の石川県出身の学者がそれに貢献した。西田は融合に、鈴木は、渡米して禅思想の世界への普及に尽力した。そのような状況のもと、今西は進化論から出発し極めて東洋的な平和共存の棲み分け論に辿り着いたのである。

西洋合理主義は、確かに近~現代社会を飛躍的に一変させた。しかしながらその行き着く先は、物質文明・独善的見解に毒されたモンスターの世界を出現させてしまったのでなかろうか。自分が何事でもトップに立たねば気が済まぬという傲慢さ、これは「神は自分の姿に肖せて人を創造した」という聖書の記述に範を示しているのであろうか。だが聖書はこうも言っている。人間の驕り高ぶりを戒めるため、神はバベルの塔を崩壊させたと。何事も「好いとこ取り」は許されないものである。

一方東洋思想は、苦から出発し相互依存・諸行無常・輪廻が中心ゆえ積極性に欠き、諦めに繋がる面があるけれども、哲学的真理に貫かれているように思える。そして中印という深淵なバックグランドを持つ国を基点として、極東日本とトリオを組み全世界に発進力強めているように思える。二大国の背景には、バラモン教の循環を基に置いた思考から産み出された0の発見以降の数学基盤、そして漢字という哲学的文字を武器に基礎固めをして周辺に影響を与えた偉大な業績。そして二大国から海を隔てていたので、それらを熟成し、独特な文明を醸し出した日本。アインシュタインは、「神が日本を作った事に感謝する」と言った。

本論の弁証法と棲み分け論に話を戻す。欧州で培われた弁証法により、現代の地球文明が想像を絶する勢いで広がったのは間違いなかろう。しかしながら、当思考は、真の意味で十分にコーディネートされていたと言い難いのでなかろうか？　未だ大きなリスクを抱えながら歩んでいるようだ。既述のように弁証法は、左右に分かれ米ソでそれが花開いたが、ソ連邦は既に崩壊し、その後は米国の独壇場になるかに見えたが、「世界の警察官」にも疲労が漂っているのが現状でなかろうか。これは、欧米型弁証法のもとでは、限界があることを暗示している兆候と思う。

これまでの拙論と重複する部分も多いが、結論を急ぎたい。弁証法といえば、何でも対立する物を足して二で割るのでなく、時や環境状況に応じて相対立する物のうち、相手の主張を一部取り入れつつもどちらかが主導権を把握して新たな展開を繰り広げていく。ヘーゲル弁証法をマルクスはエンゲルスと組み、『資本論』を著し左派の立場から階級闘争による唯物弁証法を展開した。レーニンは、更にそれを政治要素を加味した『帝国主義論』でロシア革命へと導いた。ヒトラーは、ドイツ人ニーチェなど右派の影響を受け、ユダヤ人に対する憎悪心を煽り立て、彼ら六百万人の命を奪った。ヒトラーは、弁証法自身の影響をどれだけ受けていたかは定かでないが、ドイツの隣国オーストリア出身でヘーゲル、マルクスといったドイツ語の影響下にあったのは、否定できないと筆者は確信する。歴史とは誠に皮肉で、ヒトラーの大狂気により、ユダヤ人に対する同情心が高まり、亡国の民ユダヤ人が二千年ぶりに祖国を樹立する一因となった。もちろんイスラエル建国については、聖書預言に基づいたヘルツェルらの尽力、米英が膨大な大戦戦費調達と引き替えに、調達先のユダヤ人に建国を約束せざるを得なかった面もある。因にナチス、ヒトラーのユダヤ人迫害で多数のユダヤ人が米国へ亡命し、その中のアインシュタインらにより、原爆製造に連なった。アインシュタインは、日本への原爆投下を深く悔い、後生は世界平和活動に邁進した。

以上、弁証法がもたらした現実的影響例の一部を述べたのは西欧的弁証法の展開では、限界があるのではなかろうか？　との問題定義からである。当書執筆中、シリアの内戦で幼子の命が多く奪われているとの報道に胸が掻き毟られる想いである。これは、欧米的な行き方では、もはや世界秩序と平和が保たれない事例を顕著に示す現象ではなかろうか。永遠不滅でなく、太陽ある限り循環によって営まれる生命という観点が不可欠であろう。

Ⅱ　棲み分け的弁証法による平和への道

以前、木村東大教授（世界史専攻）による「カースト制は必ずしも悪い制度でなかった」との論文を読んだことがある。先生によれば、センダラと呼ばれたカースト制の中にも入れてもらえなかった超被差別民の存在を除けば、カースト制は**世の中の秩序と安定を保つ**のに重要な役割を果たしていたという。世の中、正義や平等といっても平穏に暮らしていけないと不安定社会となる事例も少なくない。多少の不平等や矛盾があるとしても、多数の人はそれを支持する。このような観点に立って見ると、インドでカースト制が承認されてきた背景も理解できようとの趣旨であった。

世襲制、これが封建的身分社会の元凶であるとの通説が広く流布している。徳川時代がその典型であるとの学説が今もなお根強い。士農工商というがっちりした強固な身分制社会によって、がんじがらめになっていたという。それは、左右両極端史観によりそのように叫ばれきたようだ。平成三十年は、明治百五十年に当たることから諸観点から改めて史観の見直しが行われている。「親の背中を見て育つ」とは、現代社会でも広く使用されている慣用句である。これは、心理学の立場からは子に対し親が良き模範的見本を示すという意味で使われる例が多い。一方では、伝統を誇る老舗の稼業や歌舞伎・能・狂言といった古典芸能の世界で好意的見地から使用が成されているが多数派であろう。近年これらの世界でも公募が盛んになりつつあるが、世襲でないと受け継がれにくい面が多々ある。

世襲といえば、特権に胡坐（あぐら）をかくといった弊害も指摘されているが、実態は苦労の方が遥かに多いのでなかろうか。既に公募と併用されている分野が多数ゆえ、これを非難するに当たらないと思う。

対立を止揚して良き棲み分け社会の構築を!!

欧米思考の根底に存在するのは、聖書にも悪魔といえども元々は神の分身であったと記載

徳川慶喜（1837 ～ 1913）

貴族院議員選出後の肖像といわれる。尾張・紀伊と並ぶ御三家水戸藩出身で天下の副将軍水戸光圀以降、勤皇精神旺盛な地に育った。彼は大政奉還後に鳥羽伏見で敗北後、静岡にて隠棲した。彼は幕府へのフランスの軍事援助もキッパリ断り、我が国の内乱を防止した。朝廷には英国がバックに付き、双方とも日本の分割を策謀するなか、大英断であった。現代世界で互いに自国の影響下にある勢力に武器援助を行い内乱が絶えない国が存在するけれど、賢明な思慮であった。明治 30 年になり東京に戻った。「静岡時代の慶喜は子作りに励んだ。成人した者だけで、10 男 11 女である」（平成 30 年 7 月 3 日付産経新聞）。当時は側室制度が許容された時代であった。

してある如く、分派であると言う。それゆえ本家の神が悪魔（サターン）を屈伏させる形状にて決着を計るというパターンとなる。これが欧米・中近東にていつまでも紛争が絶えない理由である。つまりそれぞれの派が我こそが正統派であると主張して譲らず、争いがいつまでも治まらないこととなる。どちらかが勝者となったときは、勝者が敗者に対して武装解除を手始めにありとあらゆる手段を徹底的に駆使して二度と立ち上がれぬようにする。ドイツでヒトラーによるナチスが擡頭した最大の理由は、第一次世界大戦後にヴェルサイユ体制によってあまりにも苛酷な政策を課したからというのが定説となっている。現代の中近東にて紛争が絶えないのは、元々イスラム教はキリスト教に対して寛容であったけれども、第一・二次大戦後に優位に立ったキリスト教諸国がイスラム圏諸国をスンニー、シーアという回教内の二大勢力を無視する形で国境線を引いた分割統治のため、対立を煽ったのが原因である。

いずれにしても欧米等では、弁証法の本来もつ意義である正と反が止揚して合に至るという型が歪（いびつ）に作用して一方的に勝者の優位に立ってきたがゆえに、ゆがめられてきたのは否定できないと思われる。換言すれば、欧米の考えでは、常に自らがトップの最上位に立たねば気が済まぬという驕り高ぶり、傲慢な姿勢が背景にあるからではなかろうか。これは最終的には、全ての事柄を画一化の方向へもっていこうというのに通じ、危険な道に連なるのでなかろうか。

　これに反して東洋思想は、棲み分け的弁証法の真の意図を成就させるのに連なるのでなかろうか。その見本として、我が国における徳川時代幕末から明治維新にかけ、あとがきの部分も含め、写真で三人の人物を登場させ、それらの状況を顧みた。明治維新は、本来なら大規模な内乱に陥っても、おかしくない危うい状況にあった。それがスムースに事が運ばれたのは、これらの人々を中心に円滑にまとめていったからであろう。それには背景として、徳川時代の充電期間という功績があったのは見逃せないと考える。

　正反の対立を止揚し、平和的な棲み分け的弁証法による世界の構築を目指していくパターンである。そこで結論に入る前に東洋・西洋の特徴を纏めた一覧表を作成する。これは、優劣を競い合うのでなく、互いの長短所を挙げ、最終的に人類・全生物の共存を計っていこうとするものである。対立より協調をめざして歩んでいきたい。従来の考えは、地球資源が無尽蔵との考えに立脚していた。そうでなく循環再利用が基本との考えに転換していくべきでなかろうか。いわゆるEcologyの方向付けである。江戸は、幕末百万都市であったにも関わらず、ほぼ完全な循環体制が行われていた。

明治天皇（1852 ～ 1912）

肖像写真で最もポピュラーである。慶喜とタッグマッチを組み、世界的に稀有な無血革命に近い軟着陸に成功した。文人としても著名で生涯に十万以上の短歌を詠んだ。「四方の海皆同胞と思ふ世になど波風の立ち騒ぐらむ」「あさみどり澄みわたりたる大空の広きをおのが心ともがな」が二大巨首である。

人情深く、西郷の西南の役敗北後、祝宴を許さず、後に名誉回復した。日露戦争前後では、朝鮮出兵時に我が国へ来た子孫の東郷元帥の出自を問題としなかった。二百三高地での日露激戦後、味方二万人も死者を出した責任で自刃しようとした乃木大将に「どうしてもというのであれば朕の死後にせよ」と言って思いとどまらせた。遺言により十五歳まで滞在した京都に御陵がある。最後まで京ことばが抜けなかったという。

東西棲み分け的弁証法比較表

(i)

項目	東洋文化	西洋文化
衣	木綿・麻 植物繊維 絹特産物	寒冷防止 皮革羊毛 動物繊維
食	菜食中心 蛋白質は 魚介から	肉食主義 補食に穀 物馬鈴薯

項目	棲み分け的弁証法
衣	化学繊維発達で両者 差縮小気味個人好み 習慣による差大きい
食	東西交流で両者の差 縮小だが気候・宗教 により食習慣に特色

(ii)

項目	東洋文化	西洋文化
住	木造茅葺 土壁北部 乾地皮革	石造煉瓦 東北では 木造皮革
燃　料	木草穀類 茎家畜乾 燥糞重要	木泥炭古 くから石 油石炭も

項目	棲み分け的弁証法
住	気候差あり寒地防寒 湿潤地防湿高床重点 資材リサイクル進展
燃　料	化石燃料枯渇廃棄処 理が深刻地球温暖化 風太陽光や水素期待

(iii)

項目	東洋文化	西洋文化
文　明	大河水制 する者は 全て制す	道路全て の道ロー マに通ず
宗教観	秩序維持 自然と共 に生きる	個人尊重 人間は万 物の霊長

項目	棲み分け的弁証法
文　明	南船北馬巨大文明源 石造文明耐久性木造 も避雷針で長持続化
宗教観	終末観自力他力本願 天命天国地獄観等東 西共通化と地域特色

(iv)

項目	東洋文化	西洋文化
交通手段	馬ロバ牛 の車小型 船舶中心	馬車運河 船大型化 外洋進出
文　字	甲骨文字 漢字周辺 多大影響	絵から表 音文字化 世界主流

項目	棲み分け的弁証法
交通手段	騎馬民族制覇大型船 地理上発見時代航空 機ロケット世界一帯
文　字	表音・意文字へ分離 右・左分ち書き数字 ＩＴ化東西融合側面

(v)

項目	東洋文化	西洋文化
身体的特　徴	肌黄黒目 褐色毛髪 黒身長中	白人眼球 青金髪長 身腸短い
死後観	土葬以外 水鳥葬散 骨火葬化	火葬主流 甦り信仰 土葬執着

項目	棲み分け的弁証法
身体的特　徴	混血増大で平均化も 反面気候食物影響で 現地化の現象も顕著
死後観	東洋全生物輪廻循環 西洋人中心思考強固 共通点伸張で一帯化

(vi)

項目	東洋文化	西洋文化
家族制度	家父長的 世の秩序 安定根幹	個人尊重 体制不満 者海外へ
政治体制	一族支配 に陥る事 例もあり	民主化混 乱防止象 徴的王政

項目	棲み分け的弁証法
家族制度	東洋水利権円滑推進 西洋牧畜業個性発揮 両者共通化面も顕著
政治体制	グローバル化の波不 易と改革のバランス を取る兆しの地域国

東西文化の棲み分け的弁証法のまとめ

以上、標記を述べるには、主として衣食住・宗教・哲学等の立場から分析するのが適当と考え、一覧表にした次第です。

東西を代表する仏・基督教教義をそれぞれ一文字で表現すれば、**仏教は苦、基督教は罪**となるであろう。仏教は、「人間として生きていく以上、必然的に苦がつきまとう」と説く。これが筆者が仏典を読み、そして傘寿まで生きてきた体験上での結論である。同教によれば世で生きていく以上「四苦八苦」が伴う。生老病死そして愛別離苦、怨憎会苦、求不得苦、五陰盛苦が加わる。これらを解決していくのに、どうすれば良いかというのが仏教の根本教義であろう。一方基督教は、「人間すべて罪人である」から出発する。人間の先祖アダムとイブが禁断の木の実を食べた原罪に始まり、人が生きていくのに様々な罪を犯すと説く。それを救済するため、イエスが十字架で死に我々の生け贄となってくれたという教義が一般的である。

両教の教義は思い当たることばかりである。極論すれば、毎日の生活を送る朝食の第一歩から他生物の命を奪った罪から始まる。思慮深い人は、そこで苦慮することとなる。生きていくうえで生存競争は、付き物である。そこに罪が生じざるを得ないであろう。両教は、出発点は異なるけれども、共通の教義を共有している箇所も少なくない。浄土真宗は、罪・他力本願を強調するが、これはキリスト教のパウロの教えと酷似している。万教帰一との言葉があるけれど、対立より協調を重視していくべきである。風土や環境などの相違によって出発点や詳細な教義の相違があれど、目指すところは一致していると言えよう。

宗教の争いは、天の采配に委ねるべきであろう。天命という思考は、中国的発想である。中国では、神という考えは、強調しないが、代わって天命の概念を導入している。儒教と老荘思想は、人為的か自然的かで考え方が異なるが、中国人はこれを共存させてきた。宗教の共存ということで言えば日本にも該当するようである。我が国の神道は、皇室と連なる面があるけれども、儀式等は道教の影響も多分に受けている。因に道教は、老荘思想を取り入れているが、元々は中国の民間信仰を中心に発達してきた。例えば、おみくじ等によって我が国の神社寺院に浸透している。

宗教で異なった宗派は、同じ土俵で仲良く共存を目指したいとの想いである。これを強調したのは、世界的に中近東やアフリカの一部、イラク、シリア、イエメンそしてナイジェリア等で宗教戦争が絶えないからである。これらが静止することを願って止まない。

当章の結論

当章の結論を私見を交え、まとめてみる。既述の拙論は、間をおき執筆した箇所があり、重複した文脈も少なからず、恐縮でした。筆者が長年心に温めてきた論ゆえ、くどくなった点は、否めない。筆者は、かつて教員時代に仲間との研究会で「太平洋戦争には国際共産主義（コミンテルン）の影響が多分に含まれていた」との持論を展開したことがある。その時には一笑に付されたが、最近は中西輝政京都大学名誉教授もそのような論を展開されている。

戦時中に国内では、多数の共産主義者が長期間獄中で過ごし、拷問などで獄中死を遂げた人もいただけに、拙論は容易には理解してもらえなかったが、近年は部分的にせよ理解していただけるようになってきている。その要旨は、拙著『太平洋戦争開戦の謎を解明』で述べたが、一口で言えば、旧ソ連邦の狡猾なスターリンにより、お人好しの日本指導者が翻弄されたとの内容を展開した。我が国を中国戦線の泥沼に突っ込ませ、挙げ句の果ては、日米を対決させるという最悪状況に追い込んだ。戦争によって三百万人以上の日本人が絶命した。

さて当章の結論として、現代社会で起こっている差し迫った事例に照合して、棲み分け的弁証法の立場から今後の在り方を三つ問題定義して締め括りとしたい。今回の拙論も当初声小さくても、やがて燎原の火の如く広がっていくことを期待したい。

ｉ　循環型社会の構築

現代世界は、あまりにも直線的上昇を目指し過ぎ、自転車操業になってしまっているように思える。その為に資源の浪費が目に余る。螺旋的にゆっくりと駆け昇っていくのが妥当なのでなかろうか。全世界での高度経済発展は、資源浪費に連なる。その資源は地下資源であることが多く、循環型とは言えない。いわば一方通行で片道切符である。先祖の財産食い潰しであろう。

ここに東洋の知恵が活かされてくるのでなかろうか。輪廻・循環の世界である。幸いにしてリサイクルが世界中で注目され、実行に取り組まれてきている。

ii　人間過度の優位性否定

麻薬摘発に犬が活躍している。また世界三大珍味の一つトリュフ採集も同様犬が行う。人間の数千倍もの嗅覚をもっているのを利用している。馬力は、重量の単位になっているけれども、牛と共に農耕の重要な担い手である。耕耘機と異なり、石油といった化石燃料に頼らなくてよい。全生物は人に貢献し、アレルギーは過度な人間中心の生活からくることが多い。

このように見てくると、相互依存を強調する東洋の知恵がここにも活かされねばならないであろう。人は、手を自由に使え火を制御することで飛躍したが、同じ生物の一種である。

iii　病気は総合的に治療

高齢化社会の進展に伴い、医療保険費が天文学的数字で上昇を続けている。「やまいは、気から」と言われてきたが、精神的な面も併用した医療を行わねば財政面でももたないのでなかろうか。高度な治療薬が次々開発されているが、それらは超高価であり、また病原菌の耐性が格段と強くなり、いわばお互い同志で「いたちごっこ」の様相を呈している。種痘のように絶滅に近い状態に陥った病原菌もあるが、最近は他動物の悪性ウィルスが人に感染してきている面がある。東洋医学では、病気を身体全体から捉えていく。漢方薬も化学物質からでなく天然からの鉱物・動物・植物由来のものである。今こそ東洋医学の叡知を積極的に取り入れていく時代であろう。

以上、東洋思想に重点を置いた文となったかもしれないが決して西洋思想を否定したわけではない。むしろ西洋の進取の積極性を肯定しながら、その行き過ぎにブレーキをかけるには東洋思考を取り入れないと、地球がもたぬのでなかろうかとの観点から簡潔に述べてみた。

キリスト聖書塾によれば、元々の聖書の教義が欧州で歪なものに変化させられたという。同塾は、信条に「日本の他の諸宗教を愛し、祖師たちの人格を崇敬」とある。

第六章

「みんなちがって、みんないい」

～あとがきに代えて

不易と流行

理屈っぽい論を並べてきたが、昔から日本人は不易と流行という言葉で拙論の言わんとする事柄を処理してきた。そしてその結論として、最低限度の合意をなしそのうえで共通基盤のもと、生活を送って最終的に互いに「みんなちがって、みんないい」を享受してきたように思える。このフレーズは、明治生まれの女流詩人、金子みすゞさんの詩の一節として、大阪府立高校退職教員の会、髙橋貞雄先生から紹介してもらった。

世の中、著しい科学技術の発達と情報化進展により、すざまじい勢いで巨大化、画一化が進行している。その弊害を除去するため独占禁止法の制定、公正取引委員会の設置がなされている。しかしながら世界各国とも、統合か分離かで揺れ動いているのが実情であろう。これは、政治経済だけでなく、宗教・文化・芸術・医療などあらゆる分野に広がっている。もめるという事柄は、必ずしも悪ではない。それなりの抵抗勢力があるからであろう。だが化学技術がより高度化した現代では、不穏な状況が長期間に渡った場合限りなくリスクが増大する。それが人間間に止まらず、対自然との関係に及ぶときは生物の存亡にも関わり合ってくるであろう。当書に大げさな題名を付けたのは、その主旨による。地球温暖化や原子力廃棄物処理の深刻化などその代表例であろう。現代人の驕り高ぶりによって近未来の子々孫々に迷惑をかける結果をもたらすとすれば、誠に申し訳ない。

「疑わしきは、罰せず」これは、裁判の大原則であるが、世の生活では「疑わしいときは、何もしない」のも重要な選択肢の一つではなかろうか。このように言えば、科学技術の進歩が停滞してしまうとの反論がなされようが、それが仮に一時的に抑制されることになったとしても平和と持続性安定のために、時には止むを得ない面があるのでなかろうか。

昔軍部、今・・・　汝、日本を滅亡させること勿れ

近年新聞の発行部数が急激に減少しつつあるという。またテレビ視聴率が軒並みダウンしているという。背景に人口減少があり、またスマホの普及による活字離れ等があると言われるが、筆者はもう一つ大きな問題が横たわっていると思う。それは、マスコミによる情報操作や極端な人権無視報道があると確信する。つまり読者は、価値観の押し売り的な傾向にうんざりして、講読を中止そしてTVから他のツールへ移動していると考える。人権については、週刊誌が酷すぎると思う。一般大衆は、賢明な判断を下しているのでなかろうか。

私が学校で管理職を勤めていた頃、あらゆる事柄で教職員組合と分会交渉を重ねたが、その際に次の如く感じた。代案を示せば良いのだが、それをせず何が何でもほとんどの件で、

絶対反対を一部の組合員が主張したことであった。彼らの心情、戦前の無謀な軍事体制等からして解らぬでもないが、現在少なからぬ親子親族未知人に対しての殺人・傷害事件をはじめ、忌まわしい事件が続出している。それを見るに、今後充実した道徳教育が今後の我が国にとって必要なのではなかろうか。

中国古典に「先ず隗より始めよ」とある。日本語で言えば「ひとのふり見て我がふり直せ」の意に使用されるが、今のマスコミに必要なのは、このことであろう。またイエスは、民衆が罪を犯した女性に石殺しをしようとしたのに対し、「汝らで罪を犯したことの無き者は石撃ちせよ」と言った。その結果、年寄から順に去っていったという。権利の裏には必ず義務が伴う。マスコミとて過去に少なからぬ罪を犯してきたはずである。その事実に頬被りし、これでもかと言わんばかりにニュースを垂れ流しているのは、かつて無謀な戦争に駆り立てた姿を彷彿とさせる。誠に哀れで、道徳心の欠如そのものでなかろうか……。

中国古典と日本民話のコラボによる道徳教育の推進

平成三十年から義務教育に「道徳」が必修教科として取り入れられる。これは、我が国の倫理道徳観を語るうえで画期的である。長年道徳の時間は設置されていたが、評価はなし、内容もありきたりで具体例に乏しく、教科と言えない代物であった。「羹（あつもの）に懲りて膾（なます）を吹く」と言われるが、戦前の修身教育の行き過ぎによる反省から戦後強固な価値観が定まらぬまま置き去りにされてきた。それが今日のあらゆる社会の歪みをもたらしてきたように思う。敗戦後からしばらくは、戦争に駆り立てられ悲惨な目に遭ったとの反感から反体制的陣営に身を投じた人々も多数いたが、それでも一定の価値観を共有していた。ところが時代の進行によってそれが薄れ、それすらも失っていったように思える。「仏像造って魂入れず」の観が次第に拡大していった。今一度、我が国は西郷隆盛の如き精神を呼び戻す必要が不可欠であろう。

道徳教育の内容としては、標記に示した事柄が最適と考える。時代錯誤のアナクロニズムと言われかねないが、前者は中国五千年の伝統、後者は縄文時代からの平和主義にもとずく世界に誇る考えが根底にあると思う。両者のコラボレーションに、欧米のデンマークやスイスといった平和主義国家の童話（例えば、アンデルセンの作品群やアルプスの少女ハイジ）を止揚して世界人としての感覚も熟成していくといった姿勢が必要であろう。宗教的要素を取り入れていくことも言うまでもない。

太平洋戦争は、タイを除いて全世界を相手に戦争を行うという事態に追い込まれた。主要

西郷隆盛（1827 ～ 1877）

明治維新の立役者で撮影日不詳。勝海舟と直談判して江戸を戦火から救い、江戸城を無血開城に導いた。これには幕臣だが、時代の先見を見通していた勝や同じ立場で後に天皇の文武指南役となった山岡鉄舟の功績が大きかった。太平洋戦争中、多くの銅像が軍事物資に転用されたが、上野の西郷像は微塵だに動じなかった。

彼は鳥羽伏見に始まる戊辰戦争で和解中心に進めた。函館五稜郭で最後まで抵抗した榎本武揚を処刑せず、彼を明治政府で閣僚に抜擢される道を拓いた。薩摩邸焼打の山形庄内藩に対しても「敵味方となるのは運命である。一旦降伏した以上、兄弟と同じ」と温情あふれる措置を下した。同藩は『南洲翁遺訓』を編集し神社を設立。「敬天愛人」の語句は、西郷が漢訳聖書から取得したものと言われる。

相手の米国だけでも生産力で二十倍もの差があったにも拘らず、それは狂気の沙汰であった。それがため、戦後は一転して何事も日本が悪かったという自虐的見解が主流となってしまったのは、否めない。

しかしながら終戦後、七十三年以上も経過した現代、新しい価値観を生み出していく時期に差しかかっている。**最大公約数の上に立ち**、「みんなちがって、みんないい」の社会を構築していく時期が訪れているのでなかろうか。

岩村信二先生は、新潟県生まれの父のもと、戦後東大卒業後に米国の神学校二校で学ばれた。帰国後に五十四年間牧師を勤めた。その間、青山学院大学等三校講師の傍ら日本基督教団教育委員長を歴任している。その先生が「**今日、善悪の知識を正しく教えない公立学校の道徳教育は、多くの少年犯罪を生む結果を招いている**」と述べられている（『日本語化したキリスト教用語』百七三頁、教文館）。憲法を蔑ろにするのは許せないが、憲法二十条③項の宗教とは、特定の宗教と解すべきと考察したい。因みに岩村先生は、東京都功労者賞を受賞されている。

事態は、急がなければならない。筆者は、以前我が国の青少年が夢と誇りを全くもてず、それらの想いが、世界最下位近いと論じたことがある（拙著『中国思想と日本の宗教』）。ところがそれと平行して、次のようなショッキングなデーターが発表された。日本政府の内閣府発行の『自殺対策白書』（二〇一六年度版）によれば、十五歳から三十四歳の人口十万人当たりの自殺死亡率は、一八・一人でダントツの一位であり、英国六・六の三倍にのぼるとある（以上、平成三十年三月二十六日付毎日新聞）。これは、誠に由々しき重大な課題で時は切迫している。急いで対策を講じなければならない。もうあれこれと論争しているときではない。国民の間で合意可能な事項から、音楽教科書で共通課題曲のような形で教材化していく必要があると痛感する。

以前、私は次元の高い問題を提議しても世を変革させる力添えになるのに程遠く感じ、論じないようにしていた。だが近年は、心境に変化を来たすようになった。初めは少数意見であっても、それが正論に叶った論であれば、やがてそれが認知される時が来るだろうとの確信をもつようになった。同時に「駄目なものは駄目」と力強く叫び続ける必要ありとの想いも強くなってきている。地球温暖化の問題は、我々一人一人が尽力することで解決していける課題ではなかろうか。一方で食品廃棄問題などは、近年解決の兆しが見えてきたという。我が国には、「もったいない」との精神が伝統的に根強くあった。必要な食糧以外は捕獲せず、また止むを得ず人間の食糧となってくれている動植物に対し感謝を捧げ、毎年鄭重な供養を行っていた縄文人の知恵を見習い発進し続けていくことを願い、次の俳句を掲げさせていただいて擱筆する。「朝顔や　釣瓶取られて　もらひ水」（加賀千代女）。

〈追録〉岡本太郎の縄文文明に対するこだわり・・・「太陽の塔」再開を祝す

岡本太郎（一九一一〜一九九六）は、渡仏しパリを舞台に十一年間活躍した。帰国後、縄文式土器に魅せられ、縄文時代そのものの文明観の研究を行い、やがて大阪府吹田市で実施された万国博覧会に大いに関わりあった。一つは太陽の塔の制作、さらに世界中の民具の収集であった。これらは、何れも縄文関連で貫かれている。調和があっての進歩であり、科学技術のみが先行することに警鐘を鳴らした。この度、半世紀ぶりに同塔が復活リニューアル公開されたのは、喜ばしい。これに尽力された、大阪府当局のご努力に敬意を表したい。

本書の刊行にさいし、多数の方々にお世話になった。NSP（全国ニューシルバーパワーの会）亀田喜一会長には、大学同窓生の小谷章雄東大名誉教授をはじめ、著名な学者を直接紹介していただいた。実弟の㈱カメダデンキ・亀田光郎会長には、日頃から信心で何かとお世話になっています。元府立高校同僚の牧瀬十二郎氏からは、「先生のユニークな著作をぜひ読みたい」と背中を一押ししてもらった。他に多数の人のおかげで執筆できたことをこの場を借りて、深謝を申しあげます。

平成三十（二〇一八）年十一月三日　文化の日　池永　孝

〈参考文献〉

当拙著に多かれ少なかれ、引用・参照させてもらった文献を中心に掲載した。
引用箇所は、本文中「 」内にて示した。

書籍　大川周明著『日本二千六百年史』（毎日ワンズ　二〇一七）
守部喜雅著『西郷隆盛と聖書』（いのちのことば社　二〇一七）
飛鳥井雅道著『明治大帝』（講談社　二〇〇六）
恵　隆之介著『中国が沖縄を奪う日』（幻冬舎ルネッサンス　二〇一三）
落合道夫著『黒幕はスターリンだった』（ハート出版　二〇一八）
ウラジミール・プーチン著『プーチンと柔道の心』（朝日新聞出版　二〇〇九）
キャサリン・フィリップス著『カエルが消える』（大月書店　一九九八）
今西錦司著『私の進化論』（思索社　一九七三）
今西錦司著『進化とはなにか』（講談社　一九八九）
今西錦司著『自然学の提唱』（講談社　一九八八）
今西錦司著『岐路に立つ自然と人類』（アーツアンドクラフツ　二〇一四）
L・Bホールステット著『今西進化論批判の旅』（築地書館　二〇一四）

今西錦司著　『今西錦司全集全十三巻・別巻』（講談社　一九九四）
石原　元著　『今西錦司～そのアルピニズムと生態学』（五曜書房　二〇一四）
高田　純著　『誇りある日本文明』（青林堂　二〇一七）
山崎晴雄・久保純子共著　『日本列島百万年史』（講談社　二〇一七）
池端　宏著　『稲作渡来民』（講談社　二〇〇八）
R・フォーティ著　『生命四十億年全史』（草思社　二〇〇三）
海部陽介著　『日本人はどこから来たのか？』（文藝春秋　二〇一六）
瀬川拓郎著　『縄文の思想』（講談社　二〇一七）
駒田信二・常石茂共編　『中国の故事と名言五百選』（平凡社　一九八九）
海江田万里著　『人間万里塞翁馬』（双葉社　二〇一七）
加地伸行著　『論語』（講談社　二〇〇五）
齊藤　孝著　『論語』（筑摩書房　二〇一六）
岩村信二著　『日本語化したキリスト教用語』（教文館　二〇〇九）
岩村信二著　『日本人にもわかるキリスト教の人生訓』（教文館　二〇〇九）
J・グニルカ著　『コーランの中のキリスト教』（教文館　二〇一三）
岩波書店編集部編　『教育勅語と日本社会』（岩波書店　二〇一七）
ちばかおり著　『ハイジが生まれた日』（岩波書店　二〇一七）

〈参考文献〉

河合雅司著　『日本の少子化百年の迷走』　（新潮社　二〇一五）
鈴木孝夫著　『閉ざされた言語・日本語の世界』　（新潮社　二〇一七）
浄土真宗編纂　『日常勤行聖典』　（本願寺出版社　一九九八）
『聖書』　（日本聖書協会　一九九三）
by Akio Kotani “Activity Report”[1]
小谷章雄著　『生命の誕生人類の歴史そして縄文・弥生文化』[2]
（(1)、(2)　高エネルギー加速器研究機構勤務時代前後の諸論文等）

年鑑
『現代用語の基礎知識』　（自由国民社）

辞典
『新明解国語辞典　第三版』　（三省堂）
『最新　コンサイス英和辞典』　（三省堂）
『新版　社会科総辞典』　（令文社）

雑誌
「状況」二〇一七夏　唯物史観からエコロジーへ　（状況出版）
「プレジデント」二〇一六　十二・五号　哲学入門　（プレジデント社）
「地理」二〇一八　一月号　アジアの環境問題　（古今書院）

以下随時
「生命之光」（キリスト聖書塾）／「月刊 レムナント」（レムナント出版）
「倫風」（実践倫理宏正会）／「月刊 日本」（K&Kプレス）
「第三文明」（第三文明社）／「ニュートン」（ニュートンプレス）

週刊誌　「週刊 エコノミスト」（毎日新聞出版）
「日経ビジネス」（日経BP社）

教科書　高等学校　各社　生物・地学・世界史・保健体育（文部科学省検定済）

日刊紙　「毎日新聞」「日本経済新聞」ほか、読売・朝日・産経・聖教・しんぶん赤旗の各紙を公共図書館にて、同じく神戸新聞（共同通信情報源）を購入して、随時参照

映像　「明治天皇と日露大戦争」新東宝　一九五七（ディアゴスティーニでDVD化）
NHK&MBS　パソコンインターネット&スマホ

〈写真提供〉　毎日新聞社フォトバンク

◆著者プロフィール

池永　孝（いけなが　たかし）　＜名称変更や移管の組織は現行名で記す＞

昭和 14 年（1939）
12 月 9 日富山県黒部市宇奈月温泉にて出生
富山県滑川（なめりかわ）市立浜和積小学校　富山市立奥田小・中学校
富山県立富山中部高等学校　兵庫県立尼崎北高等学校
名古屋・岐阜大学（統合予定）教育学部社会学科にて学ぶ
岐阜県立郡上北高等学校　大阪府立茨木工科・寝屋川・千里・箕面東・平野・四條畷・園芸・千里青雲高等学校にて教諭・教頭・校長を歴任
この間、大阪府教育委員会指導主事及び大阪府（知事部局）府民文化部吏員を拝命　学校等退職後、大阪北部農協代表監事

平成 28 年（2016）
10 月 30 日大阪府箕面市選挙管理委員会委員長（非常勤・特別地方公務員）　平成 30 年 11 月現在、同委員会　委員

主要著書
『ロシア連邦の迷走』　（2001 年　竹林館）
　～最も近い国の民族と最新の動向を知る
『中国思想と日本の宗教』　（　同　上　）
　～神道、仏・基督教を通した生活文化への浸透
『人権が地球環境を救う』　（2002 年　竹林館）
　～人権問題主要ルーツ、縄文人末裔説の展望
『太平洋戦争開戦の謎を解明』　（2005 年　竹林館）
　～終戦 60 年タブー尾崎・ゾルゲ事件に挑み世界光明へ昇華
『日本的基督教の探究』　（2008 年　竹林館）
　～新島襄・内村鑑三・手島郁郎らの軌跡
『日本のアイデンティティ』　（2014 年　竹林館）
　～「七代文明」の一つを昇華し東西の架け橋に

地球を救う棲み分け的弁証法
— 葛藤乗り越え甦る今西理論とヘーゲル哲学のコラボ —

2018 年 12 月 1 日　第 1 刷発行
著　者　池永 孝
発行人　左子真由美
発行所　㈱ 竹林館
〒 530-0044　大阪市北区東天満 2-9-4　千代田ビル東館 7 階 FG
Tel　06-4801-6111　Fax　06-4801-6112
郵便振替　00980-9-44593　URL http://www.chikurinkan.co.jp
印刷・製本　㈱国際印刷出版研究所
〒 551-0002　大阪市大正区三軒家東 3-11-34

ISBN978-4-86000-395-1　C0236